想开点 别和自己过不去

何权峰/著

北京日报出版社

序言
PREFACE

分解情绪，
拿回心情自主权

如果我们仔细倾听人们对生活的抱怨，会发现每个人的故事都大同小异：出门遇上堵车，被同事欺压，被老板刁难，客户也让人讨厌，高压的工作，令人厌烦的生活，无解的关系，混沌的未来，以及人生突如其来的打击。但除了情绪宣泄，我们还能做些什么？

人生中有太多事情是我们不能改变的，改变别人很难，改变环境、境遇更难。这也是一直以来人们不快乐的原因之一。

我们把重点放在改变外在的事物，却忽略了更重要的内在转变，也因此错失了美好人生。

什么是内在转变？简单来说就是一种看待事物的全新方式。

以日常生活为例，你每天设定闹钟，是因为你怕起得太晚；化妆打扮，是因为你怕看起来很难看；赶着上班，是因为你怕堵车迟到；你照着工作进度做事，是因为你怕没完成工作会被老板臭骂；你多吃蔬菜水果，是因为你怕胖怕死；你打扫房子，是因为很脏很乱；你去探望父母，是因为你怕别人说你不关心父母、不孝顺。

现在，转变你的心态——去喜爱。设定闹钟是因为你喜欢生活从容，你希望每天都能有好的开始；化妆打扮，是因为你想让自己拥有好的形象、靓丽的感觉；你准时上班，是因为你尊重自己的工作；你照着工作进度做事，是因为你喜欢有成就感；你多吃蔬菜水果，是因为你重视健康；你打扫房子，是因为你喜爱干净明亮；你探望父母，是因为你爱他们，你喜欢家庭美满幸福。你过的日子没变，但一切都改变了……当你的想法转变了，你会看到生活的改变有如魔术般奇妙。

常有人问我，如何拥有好的关系、好的心情。我告诉他们："首先，你必须转变。如果你的内心没有转变，那么进入一段关系中，你所有的问题都只会加倍剧增。"

情绪就是情绪，它是一种真实的感受，没有对错。有对错好坏的是我们的思考。例如，有人批评你，如果你的想法是，或许他心情不好、受到了伤害，才说出伤人的话，你就会体谅他。你认为他是关心你、在乎你，才会批评你，你就会感谢。然而如果你认为，他是故意刁难你，他太过分了，你就会怒火中烧，关系必定会越来越糟。

情绪就像是烧柴火一样，当柴烧尽，火自然就灭了，可是很多时候，我们会持续地加上木柴让火继续燃烧。因为某件事情而生气，情绪本来会过去的，但是你不停地为这个情绪"火焰"加"柴"，让火变得越大越猛。这就是为什么你会"越想"越气。如果你跟自己过不去，谁也没办法救你。

曾经，我误以为人的想法不是自己能控制的。更糟的是，我以为我的想法就等于我，我的想法就是我的处境。谢天谢地，后来我发现这种观念大错特错，我并不等于我的想法；相反，我是思想的主人，浮现在脑中的想法是我自己创造的。既然如此，只要我愿意，我就能改变想法。

自从领悟到这个道理，我开始更加留意脑中的想法，以及每个内在的自我对话。我学到最棒的一件事是"转念"，也就是拿回心情自主权。

人们总是说要多爱自己，要活出自己。但是你想过吗，只要我们不跟自己作对，让心情轻松自在，就是一种更深层的爱，就能活出更美好的自己。

变更好，是因为你让自己看见了人生的美好。"蜕变转化"的秘诀就在这里。心态变了，人生就变了。

目录
CONTENTS

我们为什么应该转变 01 Chapter

你转变了，世界就跟着改变　002
事件都是中立的，全看你怎么诠释　005
误解，来自错误的解读　008
想法，决定你的情绪反应　011
世界就在你的心中　014

Chapter 02 转变，从认识自己开始

018 区分开信念与情绪
021 不要把自己的观念强加在别人身上
024 没有对错，只是角度不同
027 没有好坏，只是认知不同
031 你寻找什么，就会发现什么
035 让你受伤的，就是你的痛处
039 你的问题，都是从自己内心开始的
043 接受别人与自己不同

Chapter 03 转念，启动改变的力量

048 转念，就是所有问题的答案
052 化经验为价值

III

挫折，是人生最好的礼物　056
你经历的每件事都是有意义的　060
用更高的视野去看　064
接受事物本来的面貌　067
痛苦，是因为我们想违反自然　070
你不是唯一受苦的人　073
对一切心怀感恩　076
重新看待过去　080
理解一切，就能宽容一切　084
人生很漫长，但时间很短暂　087
除了心中以外，伤害并不存在　091
对自己的感受负责　095
你，永远有选择权　099

Chapter 04 自我转化的日常练习

104 放下无谓的期待
107 不要排斥问题,而是要非常熟悉
110 不评断,也不要下定论
113 担忧没有用
116 尽力而为最重要
119 不必把别人的反应看得太严重
123 面对批评,你可以"已读不回"
126 把"我"拿掉
130 改写自己的故事
133 你只要不紧抓着不放就好
137 学会随缘自在
140 专注美好的事物
143 决定快乐地度过今天
146 选择不同方式"回应"

学习逆向思考 150
宏观地看自己的处境 154
以旁观者的眼光看事情 157
试着换位思考 160
去爱得更多一些 163
把心思放在你想要的结果上 167
专注于手上的事 170
觉察自己的想法 174
找回平静的心 178
回到一开始,当最后一次 181
幽默地看待人生 185
勇于失败,坚持挑战 189
先喜欢,然后快乐就会跟着来 192
不要紧,一切都会过去 196

01
Chapter

我们为什么应该转变

你转变了，
世界就跟着改变

你的看法，
就是你的世界。

提到"这个世界"，你看到的和我看到的，其实非常不一样。

拥有不同看待世界方式的人看同一个花园，有人看到毛毛虫，有人看到蝴蝶；同样的音乐，有人觉得悦耳，有人觉得是干扰；同样过情人节，有人欢喜，有人发愁；同样一件事，有人感恩，有人不满；同样的地点，同样的夕阳，每个人都有不同的感觉。

雨后，到学校散步时，看见几个小孩在操场上玩耍。站在一旁的女孩嚷着："我不想玩了！"她指着地上的泥巴，"好恶心！"另一个女孩子却玩得起劲，嘴里还一边哼着歌："真好玩！"她双眼发出喜悦的光芒，然后说："雨天真好，灰尘都不见了。"

面对同样的情形，二人的反应截然不同。为什么？

答案就在我们心中。事实上，我们看待世界的方式，会决定我们在世界上看到的事物。

有位朋友，最近面临公司财务重整，部门裁撤。朋友很沮丧，他不知道未来要做什么；他的同事却把这当成另寻新工作、新挑战的机会。

一个人看到一堵墙，另一人却发现一扇窗。走不出自己的看法，眼前就是世界的尽头；走出去，世界开阔无际。

多数人终其一生都相信,快乐与否大部分取决于人生境遇,常觉得自己无助地困在里面,毫无选择。其实只要记住事件是由我们的想法造成的,我们就能改变它。

觉得生活很无聊,或者觉得世界很有趣,全看你用什么样的心态过日子。你转变了,世界就跟着改变。

事件都是中立的，
全看你怎么诠释

事实不会让你难过，
是解释在让你难过。

一位先生捧着一束花送给妻子。有两个人看到这种情景，其中一个人说："噢，这先生真体贴，好浪漫。"

另一个人则说："这先生一定做了什么对不起他太太的事。"

人生的经验都是中性的，发生在你身上的事，没有一样是绝对正面或负面的；让事情变成正面或负面，全出于我们的诠释。

举个例子：有人说你"娇小可爱"，这是正面的事，还是负面的事？答案是：两者皆非。这句话是中立的。正面或负面取决于你的解释。如果你认为那是赞美，就会觉得欢喜开心；但如果你认为那是批评，是在说你矮小，就会觉得受伤，不开心。

朋友告诉你："我不想跟你继续交往了。"如果你很在乎他，不想失去他，就会感到难过。相反，如果你已经厌烦他，想远离他了，就会感到如释重负。

情人分手，如果你认为"爱人离你而去"，当然会觉得感伤；但如果你的想法是"离开不爱你的人"，可能还会觉得欣慰。

英国小说家赫胥黎说："经验不是发生在你身上的事情，而是你如何去看待发生在你身上的事情。"我们对任何事物的感受，不是根据事实状况，而是来源于我们的诠释。这也是我想传达的重点，只要用不同的解释，就能改变事实。

假设你跌倒骨折，必须请一个月的假在家里休养，"这绝对不是什么好事"——你也许会这么想。但是如果你把这个时间用来反省自己的生活，放慢脚步，或是把这个月看成强迫休假，感觉是否不同呢？

当孩子调皮捣蛋、争闹不休，让你生气时，其实这是你的解释，因为你认为孩子应该乖巧安静。现在，请你改变一下想法，把孩子的调皮喧闹解释为："孩子精力旺盛，头脑反应快，这样的孩子长大后比较聪明，学习能力强！"心情是不是好多了？

误解，
来自错误的解读

看法不是事实，
但是它会让事实成真。

  什么是误解？人际交往中为什么有那么多误会？因为当事实加上我们以为的事实，也就是我们对于事情的认知、解读、看法、猜测、评断等时，误解也由此而生。

  举例来说，你走进房间，发现你的伴侣正在看手机，没有抬眼看你，继续看着手机，你可能会把它解读为"他不在乎我""我对他不重要""我不值得他把眼睛从手机上移开"。上文陈述"他没看你"是事实,但是其他都不是事实,而是解读。

再比如,有个人在笑。"他在笑"是"事实";但是"他在对我笑",或者"他在嘲笑我",就是解读。

误解多半来自错误的解读。当同事走过你身边,却连招呼也没打,你认为"那家伙真是无礼",这只是你的解读。或许他当时正在想某件事而没留意到身边的人;或许他正赶着去做某件事,匆忙中并没有注意到。

重点就在这里:我们对许多事情的解读都不正确。美国心理学家爱利克·埃里克森曾说:"如果这张脸只是在看别的地方,为什么我们要想成这张脸是故意转开?"

认清事实与诠释之间的差异十分重要。人们经常把想法误认为事实。假设有人做了一件事,你也许觉得他是故意的,然后你就怒由心生;接下来的时间,你满脑子负面情绪,你气急败坏。可笑的是,这全是你的解读。事实上,你并不知道对方的想法,你只不过是在猜。我们可能在昏暗的路上将地上的一根绳子看成一条蛇，因而产生恐惧的感觉。这种错误的感觉来自于我们错误的解读，而非绳子本身。

《庄子》中有一则故事：在一个烟雾弥漫的早晨，有一个人划着船逆流而上。突然间，他看见一只小船顺流直冲向他。眼看小船就要撞上他的船，他高声叫道："小心！小心！"但是，船还是直接撞上来，他的船几乎就要沉了。

他暴跳如雷，开始向对方怒吼，口无遮拦地骂着。但是，仔细一瞧，他才发现原来这是条空船，因此气也就消了。

表面看来，这个人的愤怒起因于"那艘船"，其实来自于"是谁鲁莽又无礼"的想法。所以，当他发现船上没有人时，怒气也就消了。

试着采取多方面的观点来观察一切事物，时时反问自己："我确定吗？""我真的百分之百确定吗？"

别把自己的想法"误认为"事实的真相。

想法，
决定你的情绪反应

你如何看待一件事，
决定你会受到什么样的影响。

当别人对你做了什么事，比如说对你恶言相向，把你数落一番，你会生气，这叫作反应。产生反应是很自然的事，如果没有反应，说明你已经麻木了。产生反应本身并不是重点，重点是反应的方式和本质。

想象一下，在街道上有辆车横冲直撞，差一点撞到你。你可能有下列几种反应：

"愤怒"。你可能大声咒骂，或想冲上前去找对方理论。

"恐惧"。你可能担心害怕，是不是遇到疯子或恶霸。

"冷静"。你可能摇摇头，付之一笑，继续向前走。

"感恩"。你在心里想着自己逃过一劫，真是幸运。

一个人的情绪反应，并非针对他周遭的某个人或某件事，而是针对他自己心中的想法所做出的反应。

心理学家阿尔伯特·艾利斯提出了一套"情绪ABC模式"（A为事件，B为想法、认知或解读，C为反应），同一件事情会出现各种不同的情绪反应，关键就在B——在于你怎么想、怎么看待这件事。

有一个故事说，在一间多数店员摆着一张臭脸，抱怨"没有人来买东西"的店里，有一位与众不同的店员，总是带着开心的笑容认真工作。即使客人挥手说"不需要""不买"，他也完全没有沮丧失望的神情，反倒更加开心。

对此大惑不解的同事好奇地问他为什么还能保持开朗，这位店员答道："我仔细研究商品的销售记录，发现被拒绝的次数越多，卖出商品的概率越高。平均十位客人拒绝，就会有一位客人购买。所以每当我被拒绝时，就会这么想：现在只要再被拒绝九次就可以了，现在只要再被拒绝八次就可以了……销售商品的可能性逐渐提高，我又何必因为被拒绝而难过呢？这是值得开心的事啊！"

情绪与事件本身无关，而与人对事件的反应有关。试试看，当伴侣对你发脾气时，把它当作一种恭维，因为他觉得你很安全，可以倾吐心声；把主管交付给你工作，看作他非常信任你、很看重你，原本的负面情绪就会变成正面，不是吗？

你可以重新设定思维模式，去看事情的光明面，让你的心中充满正面的想法，结果就会依照你设定的方向发展。

世界就在你的心中

如果你发现世界黑暗,
可能是你还活在自己的世界里。

你是否曾经观察过世界一直都在改变?也许你会在平静之中待一会儿,然后变得不满、生气;或许前一刻忧愁,下一秒欢喜,之后又不开心。在你的生命中,你的世界会一次又一次地让你呈现你的内心。

如果你心情很好,那么你碰上的事物几乎都是令人愉悦的;而当你这一天过得不好,心情很糟时,任何事都能惹恼你。你看到的世界，其实是自己的投射。就像是戴着"有色的眼镜"，蓝色的镜片会让你看到一片蓝色的世界，黑色的镜片会让原本色彩缤纷的世界变成黑压压的一片。

当你看夜空，并感到悲伤时，你会以为这份感觉来自夜空。实际并非如此。夜空不过触动了你的心，那悲伤是你内心的状态。

同样的夜空，你今天觉得悲伤，明天很可能就变了，因为你变得不同。如果你的心情变得美好，那么夜空看起来也美好；如果你追求浪漫，那么夜空看起来也会浪漫；当你感到寂寞时，你看到的夜空也将是寂寞的。这完全依你而定。就在同一刻，也有人觉得夜空灿烂，那是因为他拥有不同的心境。

当人心里充满了烦恼的念头时，眼中的世界就会让人心烦；内心怀着愤怒、混乱时，感受到的世界就是愤怒、混乱的，你和别人的关系同样充满愤怒、混乱。相反，当我们内心感到和谐平静时，这个世界和生活在其中的人也会呈现出和谐平静。

当我们改变，世界也就变了。外在的世界，就像一面镜子，反映我们内在的世界。如果你发现世界黑暗，可能是你还活在自己的世界里。如果你选择戴上一副深黑墨镜，即使是阳光普照的日子，你还是会认为世界太阴暗了。

02
Chapter

转变，从认识自己开始

区分开信念与情绪

不要有硬邦邦的观念。
学会弹性思考,生活才会轻松自在。

从小到大,我们在不知不觉中养成了某些固定的思维模式,而其中或多或少会包含着"非理性想法"。这些"想法"根深蒂固深植于脑海中,我们往往没有察觉,因而形成许多错误的观点,对情绪造成纷扰。

什么是"非理性想法"?最核心的信念,是由"一定／必须／应该"所组成的,主要以三种形式呈现。

一、我必须／应该。例如，我必须成功与完美，如此我才是有价值的；我应该取悦他人并得到认可，这样别人才会喜欢我。

二、他必须／应该。例如，他伤害我，就必须受惩罚或得到报应；如果他爱我，就应该凡事都想到我。

三、世界必须／应该。例如，人生一定是公平的，付出越多，就应该得到越多回报。

这些"信念"——信以为真的念头，常与生活中的实际状况不符，因而让自己更加挫败难过。例如，认为"我应该取悦他人并得到认可，别人才会喜欢我"，你在别人面前感受到什么？紧张、焦虑，变得患得患失、不自在，对吗？假如别人不喜欢你，不赞同你，你就会认为自己很糟。

你相信"付出越多，就应该得到越多回报"，当结果跟此信念相违背时，你就会觉得郁闷、沮丧，甚至愤愤不平，对吗？

事实上，这世界从来都不能保证付出就能得到回报，也没有谁可以取悦任何人，是你的观点让自己受苦。

你有没有探究过自己固有的想法，探究那些给我们带来痛苦的想法。"这些信念到底是从哪儿来的？"问问自己；这些一再干扰自己情绪的念头，真的有必要存在吗？

我曾经和一位同事激烈争辩，只为了工作分配的事。当我离开后，突然注意到自己心跳加速，身体发抖，于是开始探究当下发生的状况。我知道让我那么生气的，是我自己的信念；当我明白这一点时，内心很快平静下来。原来我太坚持自己的观点，而我的同事也是，我们都想把自己的观点强加在对方身上。当我看出自己有多荒谬时，这想法就逐渐消失了。

学会弹性思考，如果你能在情绪升起时，把它分解开来，知道哪一部分是信念，哪一部分是情绪的话，你就会比较容易释怀，被情绪牵动的折磨也会大大减少。

不要把自己的观念
强加在别人身上

某件事,你觉得困扰,
别人并不觉得,是谁有问题?

人通常在什么情况下会生气呢?

通常是聪明人生笨蛋的气,爱干净的人生不爱干净的人的气,动作快的人生动作慢的人的气,负责任的人生不负责任的人的气,觉得自己是对的人生自己觉得是错的人的气,有原则的人生没原则的人的气。期待越多就越常生气。

比如，我觉得房子一定要保持干净，然后我就开始这么要求家人；我期待孩子要读名校，然后我就会开始鞭策他；我认为太太应该如何，就会陷在我"认为"里面，让她去做我"认为"应该做的事。这种情况下，经常生气的是谁？就是我。

"问题出在他们身上，为什么生气受苦的人却是我？"这问题你想过吗？让我们仔细观察多年来我们替别人定下的规则。真正的朋友应该……亲戚应该……伴侣应该……孩子应该……好人应该……服务人员应该……政治人物应该……当别人没有符合你的期待时，你有什么情绪感受？

有一个妈妈对孩子非常不满，主要原因是小孩贪玩，不爱念书，她经常为这件事心烦。在她生气的背后，潜藏着"孩子应该用功读书"的期待。由于她认为认真念书是理所当然的，所以一旦孩子不用功读书，她便会不自主地动怒。

然而，"孩子应该用功读书"这件事，其实只是个人单方面的想法，不是光有"期待"就能够顺心如意的。

换言之，让我们生气的不是对方的行为，那是一般人的误解。我们生气是由自己心里的观点所引发的。当孩子爱玩，而我们又认定"他不该贪玩"时，就会气愤。

通常和越是亲近的人相处，我们越会对他抱有期待，希望对方照我们的意思或按照我们的方式生活。这就是为什么亲密关系中有那么多争吵、不满、埋怨、挫折与无力。

当我们看不惯别人的言行举止时，有问题的是别人，还是自己的观念？这是大家必须经常自我反省的。如果我们没办法看清楚，就会一直在问题里面打转，因为问题很可能就出在自己身上。

为什么我们会把自己的观念强加在别人身上呢？

没有对错,只是角度不同

即使你认为你绝对地对,
也要尊重反对的声音。

曾经看过一个笑话,某人和女朋友一起逛街,走到十字路口看见红灯却闯了过去。女友很生气地说:"你这个人连红灯都敢闯,什么违法的事不敢做啊!"于是怒冲冲地跟他分手了。

不久后,这人又交了一个女友,逛街的时候又看见红灯,他老老实实地等待。女朋友很不耐烦地说:"你这个人真死板，连红灯都不敢闯，还能干些什么？"于是跟他分手了。

此人从此左右为难：这红灯我到底要不要闯？我闯也不是，不闯也不是！

虽然是则笑话，却道出了一个事实，每个人看事情的角度都不相同。角度不同见解就不同；若是固执己见，就会变得没有弹性，自我设限，甚至不可理喻，无法沟通。

之前看过一则故事，说是从前有两个人分别从山村和渔村来到城市游览，他们同住在一个旅馆里，发生了争执。来自山村的人说："太阳绝对是从山背后升起来，再落到山背后的。"来自渔村的人寸步不让，针锋相对地说："胡说！太阳是从海上升起来，再落到海里的。这是我每天都亲眼看见的。"这时，旅馆老板走过来，笑着说："你们两个都说错了，太阳是从屋顶上升起来，再落到屋顶下面去的。"

他们有说谎吗？没有，他们所说的都是真的。因为一个人看到了事物的一面,另一人则看到了另一面。如果大家都坚持自己的观点,可能终其一生都争论不休。

曾有一个学生跟我聊到他和朋友闹翻的事,他问:"我这样生气对不对?"过了几个礼拜,他又问了一个相似的问题:"不知道我这样做对不对?"

我发现他两次发问,都是以"对错观"来思考问题。于是提醒他:"世上大部分的事很难分对错,只是各自的立场不同,角度和眼光也就不尽相同。"

你觉得某人对你很好,于是你就给他贴上"好人"标签。然而,你的朋友说:"那人一点也不好,我不喜欢。"实际上,你和朋友的看法没有绝对的对错。每件事都有两面性,对的事也有人受害,错的事也有人受益;你认为别人是错的,是因为没站在对方的立场来看。

当你看到太阳落下,是从你的角度看的。此时此刻也有人看到它正在上升。如果从遥远的太空看,就会发现太阳既不升起也不落下。

没有好坏，只是认知不同

你的心决定它是坏事，它就是坏事；
决定它是好事，它就是好事。

很多事物本身并没有好坏之分，之所以产生好坏之分，都是因为人有喜好和厌恶。比如，对许多人来说，遇到蛇可能会认为是件倒霉的事，甚至还被吓得半死，可是对一个专门捕蛇的人来说，那可是件幸运的事。

有两个小孩没被选上学校的球队，其中一个很难过，因为他喜欢打球；另一个却很高兴，因为没有进入球队，他就不用每天下课后留下来练习。

人们认为的"坏事"，多半是与自己的期望相抵触的事。早上起来时，如果发觉外面正在下雨，你觉得今天是坏天气，这是你的认知；但对农夫、卖雨伞的人或缺水地区的居民来说，反而是好天气。

有许多人喜欢赏雪，看到下雪就雀跃、兴奋，但是当地的居民可能抱怨连连，因为下雪，特别是大雪，会引起汽车熄火、水洼处处、天气酷寒、寸步难行等。

事物的好坏，全取决于我们的认知。著名神学家坎伯和妻子刚结完婚，很高兴地前往新居度蜜月。

没想到就在他们快到新居时，一辆灵车突然从路旁闪出，直直开到他们前面，挡住了去路。坎伯感到惊讶，因为他以前从未在这一带看见过灵车。

意外出现的灵车到底意味着什么呢？一般人大概会觉得"煞风景"或"触霉头"，但是坎伯不那么想，他觉得这真是好兆头，他高兴地对新婚妻子说："这辆灵车的出现，预示着我们会永远相爱，直到终老。"

不管你认为自己正处于好运还是倒霉中,你都说对了。当你觉得某些事物是"好"的,就会带来"好"心情;认为是"坏"的,心里就会去排斥、厌恶它,心情就会变"坏"。

想象一下,你在街道上走路的时候,一个花盆从楼上的窗台掉了下来,差一点就砸到你身上,然后在你脚边摔碎了。你认为自己幸运还是倒霉?

你对这些事情的认知客观与否并不重要,因为不论其他人是否同意你的看法,只要你认为这件事"糟糕""倒霉",或觉得事情不应该这样,你就会让自己不愉快,因为你认为这是"坏事";当然,你也可以反过来想。

炎热的夏天,有两个跑单帮的商贩背着沉重的商品,辛辛苦苦爬过一个山头,准备到另一个村落做买卖。

热得受不了的王五,擦着满身的汗对赵六说:"唉,太热了,以后再也不要到这种地方做生意了。"

赵六笑着答道:"我的想法跟你不一样,我想这座山如果再高几倍,那该有多好。"

王五不以为然,抱怨地说:"你爬糊涂了,山当然要越低越好。"

赵六说:"如果山很高的话,许多商人就会知难而退,那么我们就可以多做一些生意,赚更多的钱了。"

王五听了以后频频点头,再也不抱怨了。

好事,总发生在好运的人身上。因为无论经历什么,我们永远可以选择一个全新的认知。

你寻找什么，
就会发现什么

在错误的地方寻找，
你永远不会发现快乐。

　　在《列子》里有一则故事，说有一个人掉了斧头，他认为是邻居家的儿子偷的。从那天起，他便开始注意邻居儿子的举动，发现不只是动作，连他脸部的表情和谈吐，看起来都像个贼。

　　后来，那个人在自己房子旁边的水沟里找到了遗失的斧头，当他再看到邻居的儿子，说来奇怪，不论怎么看都不像是会偷东西的贼。

你寻找什么，就会发现什么。想想你的朋友或伴侣，起初你很喜欢对方；然而关系生变后，你开始怨怼不满，甚至恨之入骨。明明是同一个人，为什么从一个喜欢时看不到缺点的人，变成了一个埋怨时没有任何优点的人呢？

人只看到自己想看到的东西。如果我们讨厌某个人，轻易就能找到讨厌他的理由。比如说，我喜欢某个人时，觉得他做事小心谨慎；后来讨厌时，就会觉得他吹毛求疵。或是我喜欢某个人时，觉得他不拘小节；后来讨厌他时，便觉得他粗心大意、胆大妄为。

我想起一则故事。

相传，卫国国君很宠爱弥子瑕。

卫国有这样一条法律：如果有人擅自使用国君的车子，将被处以斩足之刑。

有天晚上，弥子瑕的母亲生病，他一听到消息，就冒充得到了国君的准许，驾着国君的车子赶回家去。

这件事被国君知道了，国君不但没有惩罚他，反而称赞他说："弥子瑕真是个孝子，因担心母亲的病，竟然忘了自己会受罚！"

几天后，弥子瑕陪国君在园里散步。那时正是桃子成熟的季节，弥子瑕采了一个肥大的桃子来吃。那桃子很甜，他只咬了一口，就把它献给国君。国君说："你对我太好了，好吃的东西，自己也舍不得吃！"

后来，弥子瑕失宠了。国君完全变了一副嘴脸："弥子瑕这家伙胆子好大，竟敢偷乘我的车子；还有一次，把自己吃过的桃子给我吃，真是胡作非为！"

我们很容易就可以看清楚，我们如何看待人，都是自己决定的。看待人生也是这样。

我曾经见过一个认为自己很倒霉的学生，他常常很沮丧，面对问题时也显得很消极。当问他为什么觉得自己很倒霉时，他说："就是常会碰到很多倒霉的事啊，出门差点被车撞到，在路上踩到狗屎……真的很倒霉。"

当我们一心想着倒霉，生活中就会发生倒霉事；专注于自己没有的，就看不到拥有的；老抱怨人生的不如意，就很难感受到生活的美好；总是低头看着地上的垃圾和杂草，就看不到绿叶和蓝天。

不久前，孩子去公园散步，回来告诉我：公园很脏，不管走到哪里，地上都有烟头、餐巾纸、塑料袋、狗屎。

我跟他说：我们在生活中寻找什么，就会在生活中发现什么。如果你把注意力放在垃圾上，就会到处都发现垃圾。美丽的景色、灿烂的阳光、飞过的鸟儿、在微风中翩然起舞的花儿，你就"看不见了"。

就像一个人踩到狗屎，那么无论如何也闻不出他身上的花香了。在错误的地方寻找，你永远不会发现快乐。

让你受伤的，
就是你的痛处

若不是自己心里早有伤口，
人家无心的话怎么能这么轻易就刺痛你？

我们现在的情绪绝大部分都是由过去导致的。譬如你先生不关心你，你就生气，这情绪来自你的过去，可能是你小时候欠缺关爱，或是父母没尽到照顾的责任，那时候你积压了许多怨气。

当有人数落你，你立刻还以颜色，很可能因为在过去曾经有人批评或羞辱你，在你的内心形成了一个伤口，所以现在只要有人对你说类似的话，就会触动你。

　　曾获得诺贝尔生理学或医学奖的俄国生理学家巴甫洛夫曾做过著名的反射研究。每当他喂狗吃饭时，他会先摇铃。到最后，每当狗一听到铃声，就会开始"流口水"，即使它们并未看到食物。

　　我们的情绪反应就像巴甫洛夫的铃声一样，一旦记忆的"铃声"响起，我们就成了过往记忆的奴隶。有时候只是一个不赞成的表情，一种轻视的语气，一句不中听的话，或想起过去令自己挫败的一件事，就可以顷刻间引爆情绪。

　　你觉得"受伤"，是因为你有伤口，那伤口早已存在；你会"受刺激"，是因为有人在伤口上撒盐。有人说话让你受伤，不是因为他说了什么，而是他的话勾起了你内心卑微、无价值、被伤害、被怀疑的感受。

　　举一个许多人都可能遇到的例子：妻子问你今天某个时间要去哪里，你便忽然发起脾气来。由于她害怕或不好意思，没有直接要求你去帮她买东西，只因为可能会让你多绕一段路。她怕给你造成麻烦，你则因为她的质疑而生气，你觉得她管得太多，因为你是从小被人管大的。现在你觉得她的质疑就是在管你。

我们看待事情，或是在关系互动里的情绪反应，多半是从成长过程中受伤害的反应而来的。过去经历的伤痛如果没有被疗愈，便会以不同的形式在生活中发作。当我们进入一段新的关系时，我们常常把以前对父母累积的怨气发泄在配偶或小孩身上而不自知。假如我们没有察觉并认清这一点，那么这些伤害便会一再循环，我们和身边的人就会在同样的模式里受苦。

有句拉丁谚语说："别人撒盐伤不了你，除非你身上有溃烂之处。"若不是自己心里早有伤口，人家无心的话怎么能这么轻易就刺痛你？

我们常常跟某人某事过不去，其实是跟自己的过去"过不去"；反过来，跟我们"过不去"的人也一样，他们可能也携带着许多过往的伤痛。

当你了解到每个人都有不同的过去，是否能用更大的包容去接纳别人？是否能谅解别人所犯的错误？

当你了解到自己也可能是过去的受害者，是否能心平气和地看待自己的挫折失意？是否能让自己不再受过去伤痛的左右？

你的问题，
都是从自己内心开始的

当你自己没有问题，
生活就不再有那么多问题。

我们活着的每天都在解决问题。有处理不完的问题，于是我们就拼命地想要解决，很少有人会去注意问题本身。为什么我们有这么多问题？这些问题是怎么产生的？

人之所以会问题不断，就是因为不能单纯地去"看"。每当我们看到一个人或是一件事时就会立刻开始评断，用自己的观点来评断，由自己内心的状态来评断，这样又怎么可能看到真相？

　　试想，如果你的杯子是脏的，然后你把水倒进去，水会是干净的吗？

　　我们看到的一切外在，都是内在的显现。比如你站在镜子前看到自己沉重的表情，显现的是你内在的心情；你困扰，是因为内心不安；你不安，是因为没看到自己的价值；内心缺乏安全感就喜欢支配或控制他人。如果小事情就能使你困扰，让你生气，那是你把自己看得太渺小了。

　　这也就是为什么很多智者都告诉我们：认识自己。当你观察自己与朋友、伴侣及周遭所有人之间的关系，观察你对别人言行举止的反应时，你就更能看清自己。

　　所有外在发生的，都是从自己内在先发生。你可以轻易地指出别人的错误，但你想过吗，为什么你能如此一针见血，会不会是因为太熟悉了？

　　你批评别人，反映了你对自己的批评；如果你厌恶自己，你也将厌恶其他人。你对伴侣与社会的不满，呈现的是对自己以及整个人生状态的不满。

心理学家荣格说："留意别人令我们恼怒的地方，可以让我们更了解自己。"有人说你是酒鬼，如果你根本不喝酒，你会生气吗？你怎么可能生气，你只会认为这个人在乱说。然而如果你真的很爱喝酒，甚至嗜酒如命，那么有人这么说你，你可能就会很生气。

情绪本身不是问题，它会帮我们指出内在的问题。有人嘲弄你或打击你而让你觉得深受侮辱，别急着把怨气都发在对方身上，先内省一下，自己是否如对方所说，否则为什么会被激怒？是自己过于敏感，还是自信不够，安全感不足？你可以将别人的指责作为指引，从而发现自己内在的真相。

当你改掉了总是挑剔自己的习惯，你会注意到自己不再那么容易批评别人。同样，当你可以接受自己，自然也不会苛求别人。因为我们对他人的好恶，都取决于我们对自己的看法。自己能够接受他人的程度，就相当于自己能够接受自己的程度。

有位读者告诉我，她发现当她开始接纳自己不够好的部分后，就不再害怕别人的指责，也较少去批判别人，对别人也更有耐心了。

没错，你的问题全都是从自己内心开始的。想解决问题，就得在自己身上下功夫。当你停止评断别人时，他们的毛病就不会那么容易干扰你。当你有自信时，就不会轻易因为别人的行为而引发情绪的波涛。当你没有问题时，生活就不会再有那么多问题。

接受别人与自己不同

你可以分享你的想法和做法,
但不能强迫别人跟你一样。

"我真是看不惯他做事慢慢吞吞""我真是看不惯他婆婆妈妈""我真是看不惯他讲话没大没小""我真是看不惯他花钱的方式""我真是看不惯他做事没计划"……

为什么看不惯别人?因为你已经有特定的习惯——"应该怎么做""这样才是对的""一定要这样"。当我们以这种先入为主的观念看待人和事时,就会无可避免地和人起冲突。当事情没按照自己的期待进行就会不高兴、摆臭脸。只要看不惯，就会不满批判，问题于是产生了。

一对夫妇常为吃苹果发生口角。

妻子担心皮沾了农药，吃后中毒，一定要把皮削掉；而丈夫则认为皮有营养，把皮削掉太可惜。常吃苹果，就常吵架。最后，竟吵到他俩的老师家去断是非。

老师对妻子说："你先生这么多年都吃不削皮的苹果，还好好的，你担心什么？"

老师对丈夫说："你太太不吃苹果皮，你嫌她浪费，那你就把她削的皮拿去吃，不就没有事了！"

老师还说："由于家庭环境不同，成长过程不同，每个人的生活习惯也会有所不同。因此，不要勉强别人来认同自己的习惯，同时，也要宽容别人的习惯。"小两口听了会心一笑。

有人牙膏从前面挤，有人习惯从后面；有人喜欢一早起床去跑步，有人习惯晚间到公园做体操；有人喜欢出门逛街，有人爱待在家里看电视；有人不喜欢做事急，有人讨厌动作慢……并没有谁对谁错，我们看不惯，这并不是别人有问题，而是我们用"自以为是"的观点看别人的缘故。

以前，有个同事很懒散，开会迟到早退，做事拖拖拉拉，有些计划明明期限快到了还一副逍遥的样子。真是看不惯！渐渐地，我对他变得没什么耐心，说话也不客气。

有一天，当我的火气再度升起时，突然间一个念头闪过："这个办公室有数十个人，却只有我在为他的表现恼怒。事实上，大部分人根本不知道有这回事，即使知道的人也不像我那么在意。为什么我会如此介意呢？"由于清楚地看到恼怒就是自己的执念，问题也随之烟消云散。

通常，你看不惯的人也看不惯你，差别只在谁比较有尊重与包容的雅量。你可以试着去分享你的想法和做法，但你不能强迫别人跟你一样。

曾遇过一位读者,他很愤世嫉俗,抱怨女友在读完我的书后,变得很有主见,他不能苟同。我并没有坚持自己是对的,无所谓,不是每个人都会采纳我的建议。假如谁不同意我,嗯,反正咖啡也不是人人都爱。

03

Chapter

转念,启动改变的力量

转念，就是所有问题的答案

往好的一面想，事情总会过去；
老想坏的，是跟自己过不去。

"积极一点，振作起来。""想开点，没什么过不去的。"当事情不顺利，心情低落，关心我们的朋友和家人经常会这么鼓励我们，心理自助书籍也会建议我们"正面思考"。但真的有用吗？

效果有限。通常我们越是这么做，就越难摆脱那些恼人的想法，让自己感觉更糟。因为我们很难控制自己的想法，即使能勉强做到，如果内心没有真正转变，这些表面激励的话语，疗效也只是表面的，不久又会被"打回原形"。

原因很简单，"正面思考"之后，这些问题就会不存在了吗？

所谓的正面思考，并不是要大家假装喜欢自己厌恶的事物，或者假装其他烦恼和问题都不存在，或者否定真实的感受，而是学习"转念"——从不同的角度看事情，赋予经验不同的意义，从而让心态和心情改变。

记得孩子上初中时很怕分组做报告，因为每次分组都被推举为组长，但分配给组员的工作，常常不是做得不理想，就是未完成，最后她只好一个人将所有工作扛起，熬夜做完，为此她感到生气沮丧。

"这表示你是有能力、有担当的人，"我告诉她，"是那些做不好的人，才让你有机会证明自己的优秀，你应该高兴而不是郁闷。"这就是转念。

再比如，放暑假时，孩子考虑要不要出去打球。他觉得，如果不出去，在家里就会很闷。但如果出去，又觉得天气闷热。"真的好烦！"他陷入两难的问题，心情低落。

于是我帮他转念："如果在家里，可以吹空调享受；如果出去玩，就可以享受出游的乐趣。"这样原本两难的问题就变成两好的事，做什么都开心。

凡事都有好坏两面，正面思考就是去找出这些事物的正面而非负面，看到事情好的一面。《孔子家语》中记载了一则逸事。

一天，孔子问担任小官的侄子孔蔑："从你当官以来，得到了什么，失去了什么？"

孔蔑答道："没有什么收获，却有三个损失。第一是事务繁多，无暇读书；第二是俸禄微少，无法招待亲戚；第三是公事急迫，疏远了朋友。"

后来孔子以同样的问题，问与孔蔑担任相同官职的弟子宓子贱。宓子贱答道："没有什么损失，却有三个收获。第一是得以实践所学，更加明了所学的知识；第二是以俸禄招待亲戚，与亲戚更加亲近；第三是利用公务闲暇与朋友往来，友情更加巩固。"

每朵乌云背后必有阳光。你错过火车，没被录取，或是准备出门时却扭到脚。你可能会因这个事件情绪低落，"我真倒霉，我真是个笨蛋！"但是如果学会转念："上天一定有特别的理由，才会让我错过这班火车，没被录取，或不让我出门。"心情是不是好了很多?

往好的一面想，事情总会过去；老想坏的，是跟自己过不去。转念，就是所有问题的答案。

化经验为价值

我们总是看到现在失去了什么，
不去看未来能得到什么。

看一部好电影或是吃顿大餐，快乐是短暂的，无法满足内心深处对意义的需求。相对的，人们认识到自己所做的事有价值时，这样的快乐却能历久不衰，例如，许多人热情投入志愿者服务，很多母亲为孩子奉献青春，尽管付出心力，失去自己宝贵的自由时间，但她们觉得充实快乐，乐此不疲。

将经验转化为价值最快的方式就是发现其中的价值，它可以帮我们转苦为乐、化悲为喜。

假如你失去工作，你可能认为自己是失败者、受害者；但反过来看，"这有什么关系？"你正好可以自由地去探索其他机会，去做自己想做的事，或是找回家庭与亲情。

面对情变分手，你可以陷入纠结和伤痛，也可以庆幸自己因此解脱，离开了一个不爱你的人；你从中学会了如何与人沟通相处，或者你可以再追寻一份稳定的感情，找到更适合的人。

不要总是看到现在失去了什么，而要看未来能得到什么。

跟几个刚进入职场的学生见面，有位当编辑的大吐苦水，她表示上司是个完美主义者，每天都很挑剔地将她写好的文案大改特改，令她倍感压力。我要她逆向思考，想想上司这些挑剔行为，对她有什么好处。

看她一脸狐疑，于是我告诉她："你想想看，有人免费替你补习写作技巧，而且还是利用上班工作时间，不是很好吗？"

"好像也对，我怎么没想到！"她不禁会心一笑。

一切扭转的关键就在这里："这有什么价值？这对我的成长有帮助吗？这背后是不是隐藏着某种恩典？"

"我讨厌我的老板，他很爱管东管西，一点也不体恤员工。"这有什么价值？至少让我学会管好自己，或者至少他可以当我的一面镜子，让我知道我不应该随便支配人或不体恤别人。

"我从小单亲，父母忙于工作，对我疏于照顾。"这对我的成长有帮助吗？至少让我学会不依赖，个性独立。

"我母亲去世，我很伤心难过。"这背后是不是隐藏着某种恩典？从此她不用再受病痛折磨，也许这是对彼此都好的安排。

有一位老先生，自从爱妻在两年前过世后，他就陷入深深的绝望,无法自拔,觉得自己活着毫无价值。于是,他去找精神科医师。

医师在了解他的情况后,问了他一个问题:"先生,让我假设一下,如果今天不是你夫人先死,而是你先死的话,那情形又会如何呢?"

他想了想,说:"我们感情很好,我想她一定比我更悲痛。她恐怕无法承受这种打击。"

"是啊!她将很难承受。"医师说,"然而现在她不用承受打击,使她免于受苦的人正是你。如果她知道的话,一定也会希望你快乐起来,为她好好活下去,不是吗?"

化"经验"为"价值"。当你发现其中的价值时,负面经验也会随之转化。

挫折，是人生最好的礼物

我们永远都不知道，
人生转个弯后会遇到什么。

　　当有人问我如何面对挫折时，我常会反问一个问题："你是否同意，越是痛苦的经验，越能让我们学到东西？"几乎没有例外，每个人都表示赞同。这也是让人费解的地方，为什么真正面对的时候，我们总是一再抗拒，想逃避它们。

　　生命中的每一次挫折、每一次伤痛、每一次失败，里面都暗藏了一份祝福。最大的挫败,也许会带来最好的机会;最糟的状况,往往是好的改变的开始。

不知道你有没有看过《玩具总动员》?如果乔布斯不是因为当年的挫败,被自己一手创办的苹果电脑炒鱿鱼,这部勇夺奥斯卡金像奖的动画片也不可能诞生。J.K.罗琳的《哈利·波特》出版前,曾被出版社退稿十二次。过去的她,曾被确诊患有忧郁症,有过一段不幸福的婚姻,是靠着政府救济度日的单亲妈妈。而今,罗琳被《卫报》评为全英国最具影响力的女性,她的作品畅销全球,其同名改编电影也成为史上票房收入最高的电影之一。

我们永远都不知道,人生转个弯后会遇到什么。回顾你过去的人生经历,有没有什么"挫折",到头来却有了意想不到的好结果呢?

是否曾经在丢掉工作后,反而找到更好的职位?

是否曾在经历痛苦的分手后,反而遇到了更好的人?

是否犯下严重的错误让你学到教训，为人生带来助益？

跟大部分人一样，我自己也曾经遭遇过很多挫败，这是生命的历程中无法避免的。但我总是提醒自己，这里面往往藏着一份礼物。我发现所谓的逆境，都有两个可能。

一是找到解决问题的方法。人往往都活在自己的执念中而不自觉，只有当逆境来临时，我们才会走出既定框架，更新观点，提升对问题的解决能力。

二是帮助探索自我。困顿的过程让我们更加认识自己，了解自己的问题与弱点，或者发现自己其实还有更多的潜能没有得到发挥。

你现在的挣扎最后都会变成你的优势。你的人生如果历经磨难，这或许是上天有更重要的任务要交付给你，而这个任务需要你在这些挫折中所学习到的智慧。

我不禁想起电影《天生好手》中的罗伯特·雷德福，他躺在医院病床上深感绝望。关键性的最后决赛正在进行,他却被所爱的女人毒害。这时,他儿时的挚友来看他。

罗伯特·雷德福难过极了,医生说他再也不能打棒球了,但棒球是他的生命。

"我相信我们有两种生命,"挚友告诉他,"学习到的生命,以及此后要过的生命。"

他说得对,挫败不等于失败,要从中学习。有一天你会感谢自己经历的磨难,遇到的小人以及人生的低谷,能教会你很多事,让你变成一个更好的人。无论将来遇到什么困难,只要想起那时候,就再也没有什么事可以难倒你。

你经历的每件事
都是有意义的

让内在得到成长,找到人生更远大的目标,就是有意义的人生。

有些人常说人生过得不如意,也没有意义。其实,人生是否如意,与过得有没有意义是两码事。

你可以过得很安逸却没意义,也可以过得很辛苦却很有意义。

意义是每个人自己赋予的。我听说有个年轻人,独自走在西班牙的朝圣之路上,冬天的雨水淋湿了他的头发。长达八百千米的旅程,离结束还需要一点时间。虽然双腿痛到好像快断了,脚底也磨出了水泡,但他的表情看起来很平和。偶然认识的同伴问他来圣地亚哥的理由,青年说:"我跟女友分手了。"

"所以是来忘记女友的吧?"

结果青年回答:"不,我不想忘记她。我只是想成为更好的人。"

没有结果的恋爱是否有意义?其实,"意义"不是无缘无故、坐在那边苦等就会自然发生的;"失恋"并不会让人生突然变得有意义,而要看我们有没有从中学到什么,或让这些经历变成养分。

"钻石途径系列"作者阿玛斯曾提到一则女学生照顾一位临终老妇人的事。

这名女学生每个礼拜都和他碰一次面。她每次都会向他哭诉那位住院的老妇人有多痛苦,她的一生都活在悲苦中。最后老妇人过世时,这名学生哭得比从前更厉害,并且开始对上帝感到愤怒。她问道:"这一切又有什么意义?"

"这是很好的问题,而答案也很有趣。"阿玛斯说,"那位老妇人让这名学生认识到慈悲是什么。因为结识她,学生的心打开了,她从中体验到从未有过的慈悲。而通过这名学生,老妇人也体悟到了什么是慈悲。"

生命中经历的每件事都是有意义的。口渴的感觉教会我们水的珍贵;失去挚爱告诉我们要珍惜身边的人;痛苦教会我们对他人保有同理心。一个曾失去孩子的女人,必定更能慈悲地看待所有曾经失去孩子的女人;一个经历过失恋的人,必定能够体会所有因失恋而悲伤的人。我们的挫折、孤独或沮丧,让我们得以了解他人的困顿。

柏拉图说:"人是寻求意义的动物。"一旦不需要考虑生存的问题之后,生命的意义和目的就变得极为重要。很多人觉得困在每日生活的例行公事中,有人相信他们正在浪费生命,有些人身陷极端的压力中,有些人则觉得生活极度无趣,还有些人虽过得安逸富裕但依然觉得生活了无意义。

怎么样才算有意义?那就是了解生命具有内在的目

的和外在的目的。内在的目的与你的意识有关,那就是你的内在是否成长。外在的目的与你的作为有关,人活着不只是为了自己,还应该有一个更远大的目标。你找到了吗?

哈佛商学院客座教授克里斯汀正遭逢人生重大的考验——罹患了淋巴癌,正在忍受化疗的煎熬。他反复思索自己的人生是否过得有意义,并终于了解人生的意义不是赚更多金钱,而是可以帮助更多人,变成更好的人。这就是最好的例子。

有些人陷在过去的伤痛中,从而说道:"因为这件事,我绝对不再付出爱,也不再相信任何人了。"有人却赋予这件事积极的意义:"因为这件事,我学会了坚强。"或是:"由于这件事,我决定投身公益事业,使这个社会变得更加安全。"

让自己的内在得到成长,并找到人生更远大的目标,就是有意义的人生。

用更高的视野去看

用造物者的眼光看待,
就能培养一种接受与感恩的态度。

为什么我现在会过这样的人生?为什么我会生在这种家庭?为什么我老是遇人不淑?为什么我会生这种病?为什么我会遇到这种事,受那么多苦?

人们常疑惑,如果生活是用来享受的,为什么我们还会经历这么多苦难。因为它要让我们长大。生命中所有事件的发生,不论当时多么痛苦、悲惨,都只有一个目的，那就是赐予我们智慧、力量与觉醒。

一般人看到盲人，通常断定"他是不幸的人"，但如果以更高的视野去看。要将逆境视为恩赐，并不容易。特别是当一个人经历悲剧的时候。然而如果我们相信世上的一切都是生活的安排，就能培养一种接受与感恩的态度。

我曾听过一则小故事。

有对夫妻感情不合，生活糜烂。直到生了个身体有残疾的儿子，夫妻两人开始改变，整个家庭从此完全改善。妻子说："我很感谢这个孩子！因为他的降临，我们的性格都改变了。"

日本松下电器的创始人松下幸之助，在回忆自己的人生时也曾有感而发：

"我是受到了人生赐予的三个恩惠，才得以成功的。第一个恩惠是家境贫困。因此我从小就尝过了擦皮鞋、卖报纸的辛苦，也从中得到了在这世上生存的宝贵经验。

"另一个恩惠是我从出生之后身体就很虚弱。也多亏这样我才不断运动锻炼，到了老年仍能保持健康。"

"最后一个恩惠是我连小学都不能上。因此，我才能把每个人都当成老师，认真学习，从不怠惰。"

似乎，无上智慧的造物主，就是要强韧我们每一个人。就像一位大师说的："疾风吹嫩枝，用意不在伤害幼苗，而是要它们学会把根牢牢地扎在土里。"

在我小时候，家庭曾受到欺压与不公平对待，但后来我了解到，那些早期经验在我的人生中扮演着必要的角色，让我得以成为今日的我。最显著的例子是，当我走出自卑，找到自信后，我发现我对打击的耐受性很高，因为我早有丰富的经验。此外，我对别人的苦难特别感同身受，对弱势群体特别照顾支持，因为那个苦我也体验过。

接受事物本来的面貌

许多人之所以不快乐,纯粹只是因为他们内心无法如实接受生命的现状。

人想追求快乐,结果却带来痛苦。每个人都试图脱离痛苦,得到的却是更多的痛苦。因为痛苦与快乐都是人生的一部分,我们怎么能只要快乐而不要痛苦?

当事情符合你的理想和欲望时,你就开心满足;一旦不符合,你就受挫抱怨。然而,现实不可能总是符合期待,这正是人们一再受苦的原因。

当你不快乐的时候，你注意过自己的内心吗？你看到了什么？一方面你看到了发生的事，另一方面你不想接受这件事，对不对？

没有人想要生病、分离、被人欺骗或是遭到否定。所以我们会抗拒，排斥自己不喜欢的人。我们抗拒害怕的事物，抗拒改变，抗拒不熟悉的事物。我们总以为保护自己就能免于痛苦。但真相是，抗拒"不好"的感受，反而会妨害自己感到愉悦的能力。

心理学家马斯洛说："若想逃避心中的地狱，就会远离心中的天堂。"就好比白天与黑夜。有白天就会有黑夜，如果你拒绝了黑夜只要白天，你将是痛苦的；黑夜并不会带来痛苦，是因为你抗拒夜晚，所以痛苦才会产生。无论哪一天，无论在哪个地方，黑夜总是存在的，不是吗？

"蜕变转化"的秘诀，在于当你拥抱负面经验时，这个经验就消失了。那些快乐的人，和我们一样生活在不完美的世界中，也会经历不顺利的事。关键不在于他们有哪些经历，而在于他们用什么心态去经历。当我们不再抗拒当下，负面情绪就会消失；全然接纳当下，此刻就会活得轻松自在。

我们该学习的，并不是如何掌控得更好，而是如何放松；该学习的是放手，而不是握拳。如果你现在过得并不好，那你就需要做出更多努力变得更好；如果你能了解人生就是这样，接受所有的不好时，那么你将变得越来越好。

痛苦,是因为我们想违反自然

你无法认知事物无常的本质,
就不可能终止苦难。

生命一直处在"变化"的状态,星球旋转、四季迁移、潮起潮落,一切都在不停地变。情人会变心,健康会变化,事情会变卦;昨天还在的人,今天可能就不在了,一切都不停地在变,这就是"自然"的真相。

人心之所以不安,是因为患得患失。得到就笑,失去就哭。世事本来就变化无常,如果你很执着,心又如何平静?

人会苦恼,是因为太执着。人们常有一种错误的认知,以为已经拥有的,就理所当然地会一直保有它们;所以一旦失去了,总是无法接受,甚至痛不欲生。

事实上,人生在世就是不断地失去,只是时间早晚的问题。随着年龄渐长,我们失去孩子的纯真,失去青春,失去梦想,失去健康,失去工作;接着死神带走我们的祖父母、父母、兄弟、朋友、伴侣,我们失去曾经和我们朝夕相处的人、事、物,而后我们失去自己的躯体。

所有我们亲近的人总有一天都会离开,没有一件喜欢的东西可以永久持有,也没有一件可以带走。然而,问题就出在我们紧抓不放。这种对关系的执着,对肉体和外物的执着,即是所有痛苦的根源。

失去挚爱,失去心爱的东西,会伤心流泪,这是人之常情;但是不要在心底认为挚爱不能死,心爱的东西永远不会消失。沉浸在哀伤的情境或记忆中,数月、数年,一直"走不出来",这不是爱的表现,而是一种执着。当你执着时，你无法认清事物无常的本质，那就不可能终止苦难。

自然，就是不知其所以然，生命中充满不确定与意外。俄国文豪陀思妥耶夫斯基说："大自然不会征求你的意见，它对你的偏好毫无兴趣，也不管你是否同意它的法则。你必须接受大自然的本来面貌，也接受其中隐含的一切后果。"人会有痛苦、悲伤、精神问题，都是因为我们想违反自然法则。如同小孩因冰激凌融化而哭泣，当你无法认清事物无常的本质，就不可能终止苦难。

你不是唯一受苦的人

重点不在于哀叹,
而在于停下来去听自己的哀叹。

周末回家时,遇上大堵车,在高速公路上如蜗牛般行进,我不禁哀叹:"噢,真倒霉!"看着对面的车道畅行无阻,我却必须一会儿踩油门一会儿踩刹车换个不停,因此,我的膝盖也由里疼到外,真是糟透了;在如此令人万念俱灰的车阵中,我不禁反问自己:"为什么我那么倒霉?"

当然，这只是我自己的错觉，当行车状况保持顺畅时，我并不会花心思去想堵车这档事，也不觉得自己幸运；当路上遇到堵车时，其实我也不应该哀叹自己不幸，因为在路上堵车的不止我一个人，我只是刚好身在其中而已。

你曾见过永远畅通无阻的道路吗？你曾见过永远一帆风顺的人生吗？不管你遇到什么阻碍，以前都曾有人经历过，往后也会有人经历。在你存在于这世界之前，苦难曾经发生；当你不复存在，同样的苦难也将持续发生。

自己的苦特别难以忍受，是因为人都站在自己的立场，以自己的想法、自己的利益去评估一切。当堵车发生在别人身上，我们可以无动于衷，甚至还有点窃喜；但是当发生在自己身上，苦就因此产生。事情不顺，我们说那是悲惨；心碎了，我们说那叫悲伤；倘若碎掉的是自己的心，我们会说那简直是悲剧。

世界各地每天都上演可怕的灾难：战争以及自然灾害造成无辜生命的死亡和财产的损失。和世界上其他人比起来，我们经历的痛苦可能根本就微不足道。

每一刹那都有人在受苦：有些人一出生就夭折，有些孩子失去了双亲，有些人身体残缺，有些人被遗弃、被背叛、被虐待，有些人被仇恨、贪婪或妒忌伤害。有些人无休止地穿梭于医院，有些人因无治愈的希望而悲苦，有些人临终忍受着痛苦，有些人倍尝失去挚爱的哀痛。

所以，别再哀叹了。停下来，去听听自己的哀叹，也许不过是鸡毛蒜皮的小事而已；你认为的挫败也只是失望，以为的倒霉只是不便，感到糟透了的事只是不如意罢了，但极少是悲惨。

记住，你不是唯一受苦的人。

对一切心怀感恩

心里多一分感恩,
生活便少一分抱怨。

人如果没有感受到幸福,就表示我们对自己所拥有的一切缺乏感激的心。当心驻留在自己欠缺的事物上时,不满就会遍布于生活中:自己长得不好看,房子太小,伴侣不够体贴,冷气不够冷,蚊子太多,菜不对味,出门找不到合适的衣服……即使堵个车,找不到车位,都可以令你火冒三丈。

电影剧作家佩雷特讲过一个故事。

他的一位好莱坞作家朋友，曾写过一些剧本，但都不是很抢手。直到有一天，他因为某部卖座的电影而成为受人追捧的大制片人。有一天他到片场上班，发现停车位被人占了，当时还有二十几个停车位是空的，可是那个人偏要停在他专属的停车位上。

一开始这位朋友很火大，接着他突然若有所悟，然后对自己说："我突然想到，三个月前我连车子都还没有呢！"

简而言之，我们对自己所拥有的一切，缺乏感恩。

有位大公司的中阶主管，经常抱怨得不到上级赏识。有一天，他又在公司升迁中败下阵来，于是不断自艾自怜。他跟办公室里亲信的同事抱怨升迁不公，回家后变本加厉。有一天在晚餐桌前，正当他又向妻子抱怨时，忽然听到小女儿房间传来一阵巨响。他立刻冲上楼，发现书架倾倒在地，女儿几乎被埋在书堆之中，所幸并未受伤。

他把小女儿从书架下安全拖出来之后，意识到自己的情绪经历了一连串的大转变：先是自艾自怜，后来是恐惧女儿受伤，然后又松一口气，最后因听到小女儿的笑声而满心欢喜。女儿平安无事让他满怀感激，于是他回到厨房的餐桌前，对妻子说他很抱歉，因为最近一直唉声叹气，抱怨连连；刚刚他终于了解到自己拥有的实在太多了。

今天，我们若发现有个升迁的机会被抢走，就仿佛世界末日到了；但明天我们若连工作都丢了，相较之下，升职已经不重要了，我们满心期待"能回到以前就好"；工作还没着落，孩子又生了大病，这时候我们只求孩子能健康就好，其他可以什么都不要。

最近看到日本"3·11"大地震的灾后纪录片，时间是事件发生后一年多。有位来自英国的记者采访一名在意外中不幸失去妻子与双亲的中年男子。其中有一段话很感人。记者问："我知道今天是你的生日，你有什么生日愿望吗？"

男子："……噢？"一脸你怎么会知道的表情。

他犹豫了一会儿，最后还是说："我的愿望是……但愿我不再需要愿望。我只想珍惜我所爱的女儿，她是目前我所拥有的一切，真的真的感谢我们还能够拥有彼此。"

活着就是一种恩宠。活着，可以品尝，可以享受，可以逐梦，可以去爱。有句话说得好："思之而存感谢。"花一点时间想想自己拥有的一切，你会发现处处都有值得感恩的事。

从现在起，不要对不完美的生活过于苛求，多看看生活中的美好事物。生命里有关爱的人，头上有屋顶撑着，手上握着一杯热腾腾的咖啡，拥有健康的身体、稳定的工作、知心的朋友、舒服的床、一顿美味的晚餐，美好假期即将到来……当你感恩时，就能感受到美好的事物，你就不会把每件事视为理所当然，你就会看到自己所拥有的，于是幸福感油然而生。这就是感恩的力量。

重新看待过去

我们不是活在过去,
是过去活在我们心中。

过去的事有可能改变吗?

大家都知道已经发生的事不可能改变,因为时间不可能倒转。但这并不表示过去是永远固定不变的,我们可以回溯过去,重新看待。

比如,小时候父母管得太多,我们可能怨怼厌烦:

"他们不尊重我,他们侵犯我的自由和独立……"但是,当我们有了小孩后,才了解自己以前的反叛,其实是辜负了父母的好意。

又比如,你可能在年轻的时候对父亲非常不理解。但是结婚后,你看着先生如何对待你们的孩子,于是你逐渐了解到原来父亲跟先生一样,虽然严格,或许不近人情,但私底下还是爱孩子的。

我们不是活在过去,是过去活在我们心中。重新看待那些已经发生的事情,改变对过去的认知,也就改变了过去。

我认识一位公司总监,她是家中被妈妈苛责最多,也是最想得到父母关爱的小孩,但不管怎么做,都好像是错的;妈妈的偏心、爸爸的冷落,都让她因为身为一个女生而感到自卑。

因为她有两个哥哥,都非常得宠,妈妈对他们总是嘘寒问暖、关怀备至。不过为了得到父母的肯定,她努力把书念好,发展各方面的才能,不像哥哥十多年来,一直在家中当"啃老族"。

长大后，她转变观点，内心的纠结也因此解开。她觉得，假如没有这样的经历，自己可能就没有现在的成就；她同时庆幸，这些事让她明白要如何做个好妈妈。

相反，如果她继续以受害者的身份生活，很可能会复制父母对她的方式。此外，她可能永远都是一个自卑的人，过着愤世嫉俗、自怨自艾的人生。

很多心灵受苦和有精神官能症的人，正是因为他们不相信过去是可以改变的。他有一个悲惨的过去，一个无法接受的错误，然后就一辈子被纠缠。他们一直陷在过去，没有回头去改变它。

铃木禅师说："我们不需要知道如何让事情过去，只要懂得事情已经过去就好。"

过去就过去了，现在和过去已经是不同的时空，那些曾经伤痛的回忆，不能再伤害我们，也不能剥夺现在的任何东西，因为我们是活生生地生活在现在。几年前发生的那件事情，当时你可能怀着负面的感受和想法，如果你现在已经更成熟，智慧增长，就可能会对以前发生的事持正面的感受和想法，事实上，你已经"改变了过去"。

经历创伤的人并没有错，既不懦弱也不是人生的失败者；相反，能熬过伤痛的时刻，拥有自己的生活，这已经比此上大多数的人坚强了。创伤经验无法彻底被遗忘，但是我们能重新看待它们。

理解一切，
就能宽容一切

当你对人有越深的了解，
就会有越多的宽容，并转化为慈悲与爱。

　　宽容他人是对他人的理解，这并不是变成同流合污，而是你能理解的范围变广了。对人慈悲，也不是不看他人的所作所为，而是你明白他们的行为只是受过去制约的表现。

　　人就好像一棵树，真正的部分是隐藏在地底下绵延不绝的根，只有树枝和树叶可以被看到。那些令人厌恶的人，如果你深入探究，就会发现他们是因为不快乐才做出这些行为的。例如尖酸刻薄的人，往往内心有许多伤痛；有暴力倾向的人，也曾被暴力相待；那些不懂爱的人，最欠缺的其实就是被爱。

有一位太太经常抱怨先生不愿沟通，一遇到冲突就躲避。后来她从先生口中得知，原来，在他八岁那年，他听到父母吵了一架，第二天，他们就此分离。所以对他来说，冲突就意味着关系的结束。知道了先生不幸的童年之后，她不再抱怨，而且变得更包容。

当有人激怒你的时候，你可以自问："这个人以前受过什么样的对待，以致如此对待人？"

问过自己这个问题之后，想象一下这个惹你讨厌的人是从小缺少关爱，还是曾受到什么伤害，说不定这个人长期受到批评和排挤，而你所见的正是他过往伤痛的表现。把对方想象成可怜的人，你就会油然生出同情心。

试着去感受对方，用不批判的心，去看看他所发生问题背后的原因。这个人为什么会愤怒、悲伤或难以相处？有了这样的了解后，你就会对他产生更多宽恕的同理心。

有一位朋友，在一家大型制药厂工作，部门的女主管很好胜又好辩，如果有人打断她或提出不同观点，她就会非常生气，反而更强烈地表达她的观点。

朋友试着用"理解的心"看待这位女主管，他看到隐藏在愤怒背后的是一个小女孩，从小在一个好批评的家庭中长大，没有人愿意听她说话。于是，我的朋友开始点头赞同她，并且告诉她，她的观点是多么明智，点子有多么好。后来，这位主管变了，她很少生气，也开始愿意听别人的意见。

引用某位诺贝尔文学奖得主的睿智之语："如果你们了解彼此，就会善待彼此。了解一个人，就不会走向仇恨，而且几乎每次都会走向爱。"

慈悲就是"完全理解的心"。多去理解尊重别人，才会被别人理解；当我们对别人有越深的了解，就会有越多的宽容，并转化为慈悲与爱。

人生很漫长，
但时间很短暂

把每次见面都当作最后一次，
才不会留下遗憾。

生死学大师伊丽莎白·库伯勒·罗斯在《用心去活》一书中讲了这么一个故事，很发人深省。

麦克去探望年迈的父亲霍华，他的父亲罹患结肠癌，连医生也不敢确定未来的形势发展。麦克并不常去看父亲，而且每次都只做短暂停留。他不是没有感情的人，但和父亲有很多隔阂，对父亲五年前再娶的妻子也没有好感。

有一天麦克下班后去探望父亲，不巧父亲不在家，只见到叔叔华特。华特说："进来等吧，你爸爸去看医生了，马上就回来。"

麦克在客厅里等得坐立难安，不时看表。五分钟，十分钟，二十分钟过去了。他终于忍不住打电话给朋友说："我再等我爸爸十分钟，再不回来我就留张字条。我已尽了本分来看他了，他自己不在不能怪我。"

在厨房吃东西的华特叔叔凑巧听到他的电话，他先抱歉表示不是故意偷听，然后问他是否要听听他的看法。

麦克回答："当然，您请说。"

"我的父亲——也就是你的祖父——死时我三十几岁，大概就是你的年龄。我今年七十七岁，他已经死了四十几年了。老实说，他是个浑蛋，他死后我的感觉是很复杂的。回顾过去，我体会到一个道理：人生很漫长，但相处的时间很短暂。在他死了十年，二十年，三十年后，我才发觉我和父亲相处的时间其实很短，短得让我觉得遗憾。我的人生很长,但他的时间很短,只可惜当时我不明白这点。

"我了解你对你父亲的感受,我是他的弟弟,当然知道他不是很容易相处的人。你继母也是一样。你和你父亲的隔阂或许可以解开或许不可以,但我要提醒你,你会觉得有时间慢慢解开是因为你还有很长的人生。但你父亲患有癌症,他可没时间。"

这段话让麦克有当头棒喝的感觉,他想到他可以继续气他父亲五十年,但父亲不可能活这么久。他决定多陪陪父亲——倒不一定希望父子的隔阂得到圆满的解决,只希望能善加利用尚存的时间。

人生很漫长,但相处的时间很短暂。常留下遗憾,是以为身旁的人会一直都在。

试想:如果你知道这是你最后一次见到你的父母、伴侣、孩子、朋友或者兄弟姐妹,对他们的态度还会一样吗?

你还会没耐心,或继续批评抱怨吗?你还会斤斤计较,不肯原谅吗?

对待每一个人,要如同你不会再见到他们。如此纷争就会消失,爱与和谐就会出现。把每次见面都当作最后一次,才不会留下遗憾。

除了心中以外，
伤害并不存在

真正伤害你的，
是你自己的想法。

常有人问，受到了伤害怎样才能"释怀"？

让我们先来了解，有什么人或事情真正能让我们受伤？真正伤害我们的是事情本身，还是自己的反应？

我们常看到许多夫妻喜欢"翻旧账"，结婚几十年还可能搬出刚认识时发生的事来吵。过去曾经伤害我们的事情，现在并不能伤害我们；现在对我们造成伤害的，是我们自己的想法。

假如有人对你不满，然后说了一些让你伤心难过的话。你就会觉得那个人伤害了你。但是在不同的情境下，不同的时间点，由不同的人来说同样的话，你的反应可能就会不同。而且，同样的事情发生在不同人身上，他们的反应也可能会和你完全不一样。所以，问题不在那个人讲的话，而是你对那句话的"反应"让你觉得受伤。

不要一头栽进习惯的思考模式中，认为他好可恶，竟然这样说我；我真可怜，别人居然这样对待我，等等。我们在情绪低落的时候要学会转向内在，将注意力放在自己产生的反应上，看看"我是怎么想的，才会让自己陷在这个情绪里面"，如此你便能发现整个问题的源头。

有一位富豪，长期住在一家五星级饭店，却是服务生眼中的恶客。

他不仅随意差遣服务生，而且对任何一项服务都不满意，经常不留情面地痛骂服务生。甚至连一毛钱小费都不给他们。

服务生们个个被"凌虐"得心中一把火，但只能忍气吞声，敢怒不敢言。

这时饭店新来了一位服务生，大家纷纷将服务这个富豪的工作推给这位菜鸟。当然，新服务生也饱受富豪暴虐的对待，但他不以为意，脸上一直挂着笑容。好像他骂的是别人似的。

那些老服务生对他的"忍功"真是佩服万分，问他究竟是怎么办到的。

"我并没有特别忍耐，只是换了个想法而已。"新服务生笑着说，"你们都认为他是一个可恶的人，但我认为他是一个可怜的人……一个被恶魔附身的可怜人。恶魔扰乱他的心智，他越无理取闹，我就越觉得他可怜。当他骂我的时候，我心里想的是要如何帮助他，赶走他身上的恶魔，让他恢复善良的本性。"

受责骂和受伤并非同一件事。受责骂是情绪上的经验，而受伤是你对它的观点，是你贴上去的标签。一个人能受责骂却可以不受伤害。了解这点非常重要。除了心中所产生的"受伤"想法外，伤害并不存在。

　　要经常观察自己的想法。在受伤难过时，你通常如何思考？如果你正深陷痛苦，心中充满委屈，要记住这些只是你脑中的想法——如果你能清楚自己的心情来自于这种思考模式，学习以新的观点来看事情，很多事也就能释怀了。

对自己的感受负责

如果他可以"害我"生气,
那么其实是我赋予了他影响我情绪的权利。

我们常常听人抱怨:"某人惹我生气。""他伤了我的心。""那个人快把我逼疯了。"人习惯把问题归诸别人,以为自己的感受是来自外界的,是某人或某事将这些感受加诸我们身上,仿佛自己只是一个无辜的受害者罢了。

倘若真是这样的话,我们一定经常受人影响,因为我们无法控制别人,不是吗?如果某人可以"害我"不痛快，那么其实是我赋予对方主宰我情绪的权利。如果我们把自己的情绪完全归咎于对方，等于要对方负责终结我们的负面情绪，这只会让自己陷入无止境的折磨与痛苦中。

记得上初中的时候，发生了一件事，让我气了好多年。在学校里同学常会开玩笑，乱取绰号，我不予理会，却被嘲笑是"软脚虾"。有个嘴巴比较毒的同学，似乎吃定了我，有一次越说越过分，我当场跟他翻脸。那件事之后，我们形同陌路，每次遇到这个同学，我还是怒火中烧。

其实，人们可以想说什么就说什么，嘴巴长在他的身上，何必因为别人说了一些话，我就要折磨自己呢？多年后，我学会了检视自己的想法，才明白那位同学并没有让我生气，是我的反应让我自己生气，是我自己对他的话紧抓着不放才使我耿耿于怀。

想拿回自己情绪的主控权，首先必须抛开"是某人让我不快乐"的想法。问问自己，生气、沮丧或闷闷不乐，是不是划不来？然后开始彻底地检讨，是什么样的想法导致自己产生这种感受？

就像别人无法控制你的情绪一样，每个人的感受都是自己所特有的，没人能让其他人去感觉；不论我们怎么坚持认为他人应该负有责任，但其实，对自我感受负主要责任的，都始终只有自己。

同样，我们也无法为他人的感受负责。我们无法掌控别人的反应，也无法治愈别人的毛病；不论是父母的大吼大叫，老师的数落，或同学、朋友的嘲弄，都不是你的责任。了解这一点，可以让我们松一口气。

曾有位学生跑来问我："我想选择自己的梦想，但是又担心如果跟爸爸说了，他会生气。"真累！原来她不只要为爸爸的期待负责，还得为爸爸的情绪负责。

"你只要对自己的感受负责就好，"我告诉她，"父母的期待，以及他们的情绪都不是你的责任，至少不是你一辈子的责任。他们该学着处理自己的情绪。"

每个人都该为自己的情绪负责。把这句话牢记在心中,当情绪低落时,就用这句话提醒自己。对方的问题就让对方自己负责,我们只需为自己的感受负责就好,这样你就能拿回情绪的主导权。

你，永远有选择权

人生不如意，谁都躲不掉；
但要怎么面对，则是一种选择。

　　人生就是自己选择的结果。我们经常不自觉地抱怨公司差劲，其实那是自己选的；买的东西不好，那也是自己选的；朋友和伴侣有好多缺点，但那也是自己选的。仔细想想，其实没有任何一件事是被强迫的。因为如果你真的不想做这件事，你就不会去做；最后你还是决定去做那件事，或者和那个人在一起，这一切都是自己的选择。

一位女孩说，她在感情里陷得很深，才发现那并不是她想要的，她想分手，但又怕伤害他，她难过地说："我没有选择。"

"你只是以为你没有选择，但其实你有。"我告诉她，"你永远都有选择权，即使'不做选择'，也是选择的一种——你选择不去行动。你并没有被迫囚禁在关系中，没有人规定你要留在那里。要了解这是你自己的选择，对方没有义务要改变，你也没有义务要留下。你有离开的自由，你也可以选择继续下去。你永远有选择的自由。"

你的生命是什么样子，你目前的状态是什么样，都是因为你选择要那个样子。美国知名教育家利奥·巴斯卡利亚讲过一则故事：

有一位年轻的女孩等她的男友打电话给她，男友告诉女孩，下午四点会打电话来，于是她整颗心全挂在电话上，从下午一点就开始坐立不安。

她告诉家人不要吵她，从下午一点起，就痴痴地等着电话铃响，两点、三点、四点，一直到晚上九点，电话还是没来。

她失望、绝望、痛苦、挣扎……最后她把自己关在浴室里割腕自杀以求解脱。

为什么？因为她觉得唯一的可能就是——男友变心了。她受不了打击，只有死路一条。

她没有发现自己还有无数的选择。比如她可以看电视，上网，洗头，出去逛街，跟家人或朋友聊聊，或是打电话给男友："喂，你在忙什么，我正在等你电话呢！"何至于要自杀？

人生不如意，谁都躲不掉，但要怎么面对，则是一种选择。即使遇到困境或身患重病，身体残疾，我们仍是有选择的。也许我们无法控制处境与病情，或是无法行动自如，然而，我们依然可以选择如何看待这些状况。我们可以选择消极被动，也可以选择积极主动；可以选择沮丧,也可以选择振作;可以选择微笑,也可以选择哭泣,这一切全看你自己。

"我选择那么做。"

经常提醒自己:是的,这是我的选择。就因为这都是自己的选择,所以你得为自己负责。

04

Chapter

自我转化的日常练习

放下无谓的期待

没有什么更大的阻碍,
会比"期待"更加妨碍快乐。

没有什么更大的阻碍,会比"期待"更加妨碍快乐。因为从一开始,我们就怀抱着"事物应该如何"的期待,光是这个念头就让人很难快乐。因为你的思想早已画地自限。你所期待的,会带给你快乐,但也会带来更多的痛苦。

想想看,当你对一件事有期待时,比如说,你认为自己做得很好，应该会很成功，会得到赞赏，理应得到回报；那如果没有呢，你心中会起什么变化？

当你对一个人有期待时，你认为对方应该陪你，对你嘘寒问暖，依照你的想法来做事；结果事与愿违，你的内心会有什么感觉？

我们都有经历过，当别人无法符合我们的期待时，内心便会升起一股怒火；当期待落空时，我们会感到失望、受伤、焦虑、痛苦，或是抱怨愤恨。

你抱怨交通，抱怨政府，抱怨住宿的饭店，抱怨餐厅的服务，抱怨情人不浪漫，抱怨婚姻生活不幸福……如果你正在抱怨，就表示他们不符合你的期待，对吗？

你最亲近的人是谁？最常惹你生气的人又是谁？往往是同一个人。为什么？因为你有太多的期待。

这世上没有"应该如何"这回事。没有一个人是设计好来"顺你的意"的，也没有一件事是安排好来"符合你的需求"的，现在就立刻放下期待吧！

一家广告公司的主管发现，当他不抱任何期待主持会议时，他变得不再失望；与会者变得更开放，更具有建设性，发言也变得踊跃。

一位女士在与先生相处时，学习抱着"没有期待"的态度。她知道自己以前对先生的要求太多，引来对方的反弹，所以不断提醒自己。她不再去改变先生，彼此关系好转，先生也对她释放出善意。

有位学弟在面对升迁时，做到了"没有期待"。他不再介意所有阻碍他升迁的负面消息，只专注于把手上的工作做好。他说："我突然觉得豁然开朗。放下无谓的期待，就没有所谓的伤害。"

当你发现某人不顺你的心，你不会生气，因为你不期待；当你发现事情不合你意，你不会失望，因为你不期待。一旦你不再去创造那些期望，你的心就会平静下来，你将发现原来你就是自己期望下最大的受害者。

如果你一时间放不下，没关系，但至少你要知道，这一切"期待"都是你所编织的幻想，也只有你自己可以拆除。

不要排斥问题，
而是要非常熟悉

生命一直重复相似的痛苦，
我们始终无法跨越，因为从未学会。

  我们的一生是学习与成长的旅程，我们来到这个世界学习不同的课程。如果关系是你的课题，你可能会遇到许多人际问题；如果情绪是你的课题，你可能常陷入情绪的纠结；如果你老是受伤害，那么你可能有自卑感、无价值感、太依附他人的问题……

  有问题是因为无知。谁会遇到问题呢？只有那些还不知道问题本质的人。所有我们遭遇的困难和关卡，都是上天为我们欠缺的能力所安排的训练。

假如某人太自私自利，上天或许会安排他去照料重症病患；倘若你太为别人而活，上天就可能制造一个生病的机会，让你学习怎么善待自己。同样，一个目中无人的势利鬼可能会濒临破产，好让他学谦虚点；而一个怀才不遇的人可能面临失业压力，逼他把潜力给激发出来。

从一个较高的观点来看，逆境并不存在。有些遭遇将我们带往上坡的路，有些则是下坡路，然而每条路都通往一个课程，每个课程都是人生锻炼与学习的一部分。

人们常觉得不解，为什么最害怕的事情总是不断发生？刻意抗拒的事，反而会纠缠着不放？

抗拒问题，是因为不具备解决问题的能力。事情一再发生，是因为一直没学会。我在求学阶段，最害怕上台做报告，我怕上台后会忘记要讲什么，又怕被台下的人取笑，所以每次上台做报告，总是紧张得心跳加速，胃部打结。我实在不想这样，于是我下定决心，每次做报告都反复练习，直到倒背如流。几次后终于克服了紧张，从此我不再害怕上台，也变得更勇于表达自己。

再比如，我以前觉得自己英文不好，不敢说英文，我认为敢说英文的人是因为他们英文本来就很好。后来才发现，那些能够把英文学好的人，不过是熟能生巧罢了。就像新手开车时总是握紧方向盘，生怕一个走神就会出事；而成为老手后，便会轻松自在，还可以边开车边聊天边听音乐。

你害怕的就是你必须面对的。记住，永远不要排斥问题，而是要非常熟悉它。

不评断,也不要下定论

人生的道路不是一条直线走到底,
而是有时曲折,有时突然来个大转弯。

我们习惯于评断每一件事,哪件事是对的哪件是错的;总是急着区分哪个选择是好的哪个是坏的,哪条路是正确的哪条路是错误的,这就立刻把情况变成只能二选一。

然后,你就会开始焦虑或恐惧,你会担心自己是否是对的,一方面又害怕自己是错的,内心交战让你变得患得患失，心情起伏不定。如何知道自己在做的是正确的判断？如何知道自己的选择是正确的决定？答案是：你不知道。

每个人的生命都充满变数：对的和错的，好的和坏的，正面和负面，得到和失去，这些都只是暂时的，世界上没有一件事能维持在恒久不变的状态。

有人升了官，发了财，或是找到很好的对象，这些看来都是好事。但它们真的是好事吗？不，那只是眼前的状态。

有人丢了工作，投资失败，考试落榜，爱人跑了。这些都是坏事吗？不，如果你拉长时间去看，那就未必。

人生的道路不是一条直线走到底，而是有时曲折，有时突然来个大转弯。我服役时，曾认为自己倒霉，被派到偏远的岛上服务，日子无聊，"多出来的时间，正好可以读书"；当地医疗资源匮乏，"刚好有机会把所学的针灸加以发挥"；一边是山一边是海，"可以运动强身又可以欣赏风景"。这些都是之前没想到的收获。

世上没有错误的道路，只有不同的道路；先不要以自己的偏好或成见来看，而是聚焦于每件事可能带给你的经验。如果你没有得到你想要的，先别气馁，也许你会得到更适合你的。如果事与愿违，先别抱怨，或许上天有更好的安排。

我认识一个病人，他因手术后伤口重复感染，不得已只好放弃期待已久的旅游。当时他又气又恼，却没想到因此避开了一场死亡车祸——他原本要搭的那辆车跌落山谷。

所以，不要做判断，也不要下定论，因为你不知道事情为何要发生，也不知道它会带来什么样的结果，对吗？

担忧没有用

担忧不会让明天的麻烦消失,
却会先耗掉今天的精力。

在生活中,麻烦事总是有的,烦恼却没必要,因为一点帮助都没有。靠着你的担心、焦虑不安和失眠,你曾得到过什么吗?

犹太人有句谚语:"只有一种忧虑是正确的——为忧虑太多而忧虑。"当你对一件事情感到担忧时,你应该知道:你所忧虑的事情可能发生,也可能不发生。就只有这两种可能。你的担忧并不能带来任何影响或改变，不是吗？

许多人常有一种错觉，以为担心就是关心，就能有助于掌控问题。例如，母亲在小孩出远门时，常会焦虑地在家里不停踱步，彷佛这样就能确保小孩安全似的。直到小孩平安抵达，打电话回家，焦虑不安的母亲才松一口气。如果这个母亲诚实地审视这些忧虑，就不得不承认自己其实完全无能为力，焦虑只会让自己变得心神不宁罢了。

记得有一回，我和朋友一起开车前往纽约。不巧的是风雪即将来临，而我们距离目的地还有一大段路。

这种天气令我忧心不已——是否会变成暴风雪？我们会不会赶不上约定的时间？如果赶不上的话怎么办？诸如此类的问题一直困扰着我。

此时，朋友看出我的心事。"把心放下吧！"他说，"就让老天负责天气，我们控制自己的方向盘吧！何必杞人忧天？"

是啊！事情发生已经很有压力，而我还因紧张焦虑造成更大压力。担忧不会让明天的麻烦消失，却会先耗掉今天的精力。如同钱还没借到就预付利息，多傻啊！

如果你有忧虑的毛病，问自己以下几个问题：

你的担心能够避免事情的发生吗？（回想一下你担心过的事：考试成绩、健康、金钱、天气。结果曾因你的担心而改变吗？）

你的忧虑有助于问题的解决吗？（你很难一边担心问题，一边把问题处理好。）

这件事情发生的可能性有多大？（你所烦恼的事，有九成不会发生，所以九成的忧虑都是多余的。）

可能发生的最恶劣的情况是什么？（通常你会发现，事情不可能坏到那样，你只要厘清问题，并把结果考虑一遍，往往就能降低问题所带来的压力与恐惧。既然你已做了最坏打算，就算事情真的发生，也只有接受它。剩下的也就没什么好担忧的了。）

尽力而为最重要

人可以控制的是自己的努力,
而不是事情的结果。

    我们总是期待心想事成、万事如意,但事实上,绝大多数的事都无法控制,不管是交通、孩子、领导还是下属,没有一样可以百分之百照着你的预期发展。没错,有些时候,你是可以预料某些状况或行为的发生,但大部分时候,你还是不能。我们不能控制天灾人祸,不能控制事业一定成功,或是赢得球赛;我们不能控制何时会遇到爱情,或是别人会对你好。

那我们能控制什么？就是自己。教育子女是一个很好的例子，我们可以用自己的想法去影响对方，却不能控制他们的内心，也无法保证他们以后会变成自己想要的样子。

人可以控制的是自己的努力，而不是事情的结果。找到合适的土地，把种子种下去，细心呵护，给它足够的阳光、肥料和水分。倘若遇到暴风雨，或是开花后还来不及结果就突然发生霜冻，把花都冻死了，一样坦然接受。也就是说，把该做的都做好了，不强求结果。

一个师父带着徒弟在寺庙外播了一些种子，想要美化寺庙。突然间，刮起一阵强风，把将近一半的种子给吹走了。弟子很生气，不断抱怨。师父听到抱怨，告诉弟子："我们已经尽力了，那才是重点。"几天后，来了一场暴风雨，雨水淹没了寺庙和附近的地区，弟子认为所有的工作都白费了，但是师父回答他说："我们已经尽力了。"几个礼拜后，许多小植物开始在寺庙的周围冒了出来，徒弟高兴得不得了，师父告诉他："我们已经尽力了，那才是重点。"

这也是这么多年来我学到的最受用的生活态度。当我感受到自己试图去满足他人，或者因期待而产生压力，或者被他人如何认定而困住时，我就会用这句话提醒自己。

生活不如意，工作不顺心，想要的东西得不到，事情突然变卦，这些都是无法控制的事。但我能控制自己的行为与思考。我不能控制环境，但我可以控制自己的心境；我无法每件事都顺利，但可以事事尽力。

尽力而为是最重要的，至于结果则无须过于在意。

不必把别人的
反应看得太严重

别人的言行不是针对我,
而是针对他自己。

那个人为什么用那种态度对我？你百思不解。为什么他会有那种表情？为什么他会说那些话？为什么他会这样对我？一连串的疑问搞得你心情烦闷。

其实，人本来就是这样。多数人都可能充满偏见、自私、嫉妒、情绪化，而且心情常随着处境不同而起落不定。你不是他，当然不懂。

例如，当我们因头痛而变得烦躁易怒，我们很容易就能了解到自己的情绪是因头痛而起。然而如果别人不知道，他们就无法感受到我们的体验，就会觉得不解："你为什么语气那么差？""一点小事，何必发那么大的火？"同样，不了解他人的体验时，我们对他人的评断也一样。

以前有个邻居常摆一张臭脸，有时还会对人口出恶言，附近的人对她都避之唯恐不及。理所当然，我也不喜欢她。一天夜里，我听到楼下救护车的声音，便从窗户往外看，看见救护人员将她抬上救护车，然后灯一闪一闪地开往医院。那天，我才知道她病得很重，有严重的心脏病和关节病变，每天都过着极为痛苦的生活。顿时，我对她的感觉立刻改观。

人都是因为欠缺了解，才会有误解。当我们看到一张臭脸时，我们并不知道他其实是身体不适；当我们对一个不友善的职员或店员发怒时，我们并不知道他的同事抢走了部分属于他的客户，我们更不知道他的老板刚训了他一顿；当我们对马路上横冲直撞的车辆大骂时，又岂能料到他的孩子刚发生一场意外,他正急着赶往医院……

我要说的是,别人的言行不是针对我,而是针对他自己。

我听说,有一座隐秘的僧院,那里采用了苏菲派的技巧,那是一套很棒的方法……每当一个人进入那个僧院,变成那里的门徒,他们就给他一个牌子,牌子的其中一面写着:"我是负向的,请不要把我看得太重。"——如果我说错了什么,我并不是真的要这样对你说。因为我是负向的,我充满了怨恨、愤怒和抑郁;如果我做错了些什么,那只是我自己负向的心情,而不是因为你做错了什么。

牌子的另一面写着:"我是正向的,我是具有爱心的,我是慈爱的,请不要把我看得太重。"——如果我对你好,那并不是因为你,那是因为我觉得心情很好。

每当一个人觉得他的心情有所改变时,他就可以改变他的牌子。不管他处在什么样的心情,他都可以翻出牌子的那一面。通过这样的做法，人们相处都很融洽，没有人会把别人的情绪反应看得太重，因为那只是他自己的心情。

就在几天前，我因一些事进展不顺利，感到懊恼。回到家，看到孩子趴在床上玩手机，火气立马就上来了。当我越说越气时，我试着让自己静下来，并告诉孩子："不要在意我的情绪，因为现在跟你说话的人是更年期的老爸。"他们突然爆笑出来，冲突也立刻消弭于无形。

面对批评，
你可以"已读不回"

绝不要随着一只猪跳进泥坑，
除了弄得自己满身泥，只会让猪更高兴。

社交媒体上常遇见的问题就是网友所留下具有攻击性的言语及骚扰。许多人都感到如芒刺在背，不堪其扰。有位读者来信："我曾尝试不理那些网上留言，并想关闭我的脸书账号。结果我发觉这样很难跟我真正的朋友保持联络。我很沮丧，不知该怎么办。"

你可以"已读不回"。我告诉她："面对口舌是非，只有一个方法可以让这些人无计可施，那就是视若无睹。"

完全不理会他们。

完全不想到他们。

完全不在乎他们。

记住一条人生基本守则：绝不要随着一只猪跳进泥坑，除了弄得自己满身泥，只会让猪更高兴。

批评侮辱，跟泥巴没有什么两样。你的衣服被路上溅起的泥泞弄脏，如果你想抹去，一定会搞得一团糟。晾到一边，专心做别的事，等泥巴晾干了，只要轻轻挥几下就没事了。

或许有人觉得这是一种自欺欺人，是一种懦弱；被人羞辱还装没事。真是怯懦！有这种想法的人一定争强好胜，始终不愿意在任何事情上吃亏。但这世界上有几十亿人，只要每人骂你一句，就算花上一辈子，也无法一一回应。生命短促，何必在小人身上耗费精力？

我也曾做过这种蠢事，浪费了一整个晚上去回应别人的评论。我为何会如此反应呢？我希望讨厌我的人可以转而喜欢我。我希望他们认同我，了解我，肯定我。我没有遵守"已读不回"的基本原则，搞到凌晨两点才上床，导致隔日精神萎靡，心情低落。

而我这么做有赢得什么奖赏吗？回应了所有评论后，可以得到一块超大的烫金匾额吗？有任何人后来写信告诉我"你讲得有道理，我很抱歉。现在我很喜欢你"吗？想得美，当然没有！那些人只是好斗，想把你拉进泥坑。而我竟跳进去跟他们打混仗，搞得自己满身烂泥。

有这样一个故事：一只老鼠向狮子挑战，要和狮子一决高低，狮子果断地拒绝了他！"怎么，你怕找了啊？""嗯，很怕！"狮子说。

老鼠不解地问为什么，狮子说："如果我接受你的挑战，你就可以得到曾与狮子比武的殊荣，我却会被人耻笑曾与老鼠打架！"

明白了吗？丢石头到很深的河里，并不会激起大水花，只有那浅浅的河才会水花四溅。

把"我"拿掉

让自己脱离"受害者"的角色,
你就能从痛苦中抽离出来。

　　人生什么最痛苦?"我的"痛苦最痛苦;谁的问题最严重?"我的"问题最严重。

　　因为自我就是所有痛苦和问题的根源。你去看电视新闻,每天有那么多灾难发生,你会觉得痛不欲生吗?是的,我们会同情,会升起怜悯之心,但是不会感到切肤之痛。因为没有"我"的存在,就感觉不到痛苦。

一个人越是以自我为中心,就越是自怜,也越容易受情绪纷扰。"这里不好,那里有问题,这个人对我不好,那个人对我不好,世界都跟我作对……"如果我们的情绪里头没有"我"的成分存在,就会只是就事论事;但如果问题跟"我"有关,就会变得耿耿于怀。

有人对你无礼,那是他修养不好,但是如果你认为"他是看不起'我'",敌意就会马上升起。你吃亏上当,如果自认倒霉,那就算了;但是如果你认为他就是吃定"我"了,事情就没完没了。

如果"我"心中有怨,就会喋喋不休,不断挑人毛病。当"我"心中有恨,往往就会被毁灭性的冲动冲昏头。当"我"把自己放得很大时,连原本的小小伤害,都会变得难以忍受。

把"我"拿掉的练习,可以帮助我们放下自我的执念。

"他对我态度很差",把"我"拿掉,就剩下"他的态度很差",感觉是否不同?

"他对我说那样的话",把"我"拿掉,变成"他说那样的话",是否觉得不再那么恼怒?

建议大家,下回当你注意到自己抱怨或有负面想法时,立刻以"这是……"的句子,来替代"我……"的句子。比如:

把"我头痛",改成"这是头痛";

把"我悲伤",改成"这是悲伤";

把"我失恋",改成"这是失恋";

把"我心情郁闷,我好累",改成"这是情绪低落""这是疲劳";

把"我讨厌大家都把事情丢给我做,把我当奴隶",改成"这是挫折""这是深深的失望"。

让自己脱离"受害者"的角色,你就能从痛苦中抽离出来。

痛苦和受苦并非同一件事。痛苦是人生的经验，而受苦是你给它贴的标签。如果把"我"拿掉，一个人就能在事实没有改变的情况下，改变体验它的方式。

有了足够的练习，就算人生遇到困顿艰难，一样能豁达地说："这是人生。"你可以经历人生苦难，却没有受苦。

改写自己的故事

成为自己故事的读者,
就会更宏观地看待自己的生命。

生命犹如在河中航行,逝去的时光是由许多事件标记下来的。这些事件留存在记忆里最深刻处,就成了我们的生命故事。

我曾跟一些有伤痛经验的人交谈,发现绝大多数人对这种悲剧的戏码都非常投入。有些人完全沉迷于过去的故事,故事成了身份和标签;有些人则紧紧抓住悲惨情节,好像那是最珍贵的生命传奇,生怕被遗忘。

是什么让我们被自己受害的故事束缚?既然故事会反应和制造出痛苦,为何还一再重提呢?从学习的角度来看,当我们重复讲述自己受伤的故事,就能发现自己为何受伤,或是如何受伤,接着学到教训,再也不让自己受伤。而糟糕的是,许多人都紧抱着自己认定的伤害在过活,反而局限了生命的扩展,让自己活在悲惨的故事里。就像某个女演员,出道时接连演了几次苦命女,以后想要改戏路就很困难。

你的故事就是你的人生。你可以一辈子都消极地活在过去,无视当下或未来美好的可能。但我向你保证,那些在你心中造成痛苦的事件,在你余生中都会不断地伤害你。每提起一次,都会加深并延长这个故事对你的控制。如果不能转换你的痛苦,你将会把痛苦传递给你周遭的人,甚至传给下一代。

你可以改写自己的故事。你拥有一项世间无人拥有的东西:你自己的人生经历。这些经历是独一无二的,举世七十多亿人当中,你是唯一百分之百拥有这些故事的人。你既是作者,也是书中的主角;你可以改变故事的情节,甚至决定整个故事的结局。

当然,如果你希望故事精彩动人,就必须接受与承担生命中的挑战、困境、挫折甚至苦难,那是必然的。考验越是严峻,就越引人入胜;伤痛越是悲苦,剧情就越感人。而生命的价值,即在呈现自己不畏艰难的态度,走出自己的路。

想想看,今天你是如何走到现在这个样子的。你喜欢现在的自己吗?你喜欢这样的人生故事吗?如果不喜欢,你其实可以"改写"。建议大家,试着成为自己故事的读者,就能更宏观地看待自己的生命。这就叫作"重生"。

你只要不紧抓着不放就好

人生没有过不去的事情,
只是你自己不想让它过去罢了。

心里有事过不去, 或放不下吗?

为什么过不去? 因为心放不下。

为什么放不下? 因为自己紧抓着不放。

有一则广为流传的故事:一位老禅师和一个年轻的和尚正打算涉水渡河时,在河岸边遇见一个年轻的女子。这位女子也想要渡河，但她的个子太小，无法自己过河。于是，心怀善意的老禅师就背着这个女子过了河。这个举动让年轻的和尚感到非常生气，因为他认为禅师内心不洁。

过了好几天，这个年轻的和尚一直没有表示什么，但他对自己的师父一天比一天气愤。后来，他终于忍不住了，于是告诉师父，他对师父的行为感到很生气。

老禅师听了之后大笑不已，他对这个年轻的和尚说："我一过河，就把那名女子放下了，你却一直背着她，到现在还没放下。"

人生没有过不去的事情，只是你自己不想让它过去罢了。

你是否有过类似的经验，明明待在一处安静的地方，和喜欢的人在一起，居然回想起一桩多年前发生的事——有人说了尖酸刻薄的话，对你冷酷无情地加以批评，某人占你的便宜或者对你造成伤害。于是一堆"陈年旧账"也就不断上映。然而，此时此刻，伤害你的人在哪里呢？他并不在你面前。他现在对我们做了什么事吗？没有，你好端端地坐在这里。

还有些人则沉溺于过去的错误和悔恨中。"早知道我就……""我之前就应该……""要是以前不那么做，现在就不会这样了！"当然，如果后悔、自责有用，那就继续责骂、鞭打自己；要是无济于事，为什么不停止？你不但浪费时间在做错事上，还浪费时间在追悔上。

畅销书《塞多纳术》的作者海尔·多斯金曾如此解释和示范过"放下"，我觉得很受用。当自己对负面想法和感觉紧抓不放时，你也可以试试看。

首先拿一支笔。现在，将笔紧握在手里。笔代表你的想法和感觉，而手是你的知觉。

你注意到紧握着笔很不舒服，但过了一阵子，就会开始觉得习惯。你感觉到了吗？你的知觉也是以同样的方式紧握住你的想法和感觉，最后你会习惯，甚至不知道自己这样紧握着。

现在把手打开，用笔滚过手掌。注意你的笔和你的手并没有黏在一起。

你的想法和感觉也是如此，它们并没有黏着你。

现在把手翻过来，让笔掉下去。

发生了什么事？笔掉到了地板上。

这很难吗？不难，你只要不再紧抓着不放就好。

我们一直想要放下痛苦的念头，却从未奏效。何不反其道而行——去做能让自己快乐的事，痛苦将自动放下我们。

学会随缘自在

随缘就自在,自在心欢喜。

如果你曾去露营,就会知道自己能期待的事不多。在那里烹饪、洗澡都不便,睡觉的床、桌椅也没家里舒适,更别提有没有电视、冰箱、沙发,但很少听到有人抱怨。这是怎么回事?

因为我们放下了平时要求事情的方式——没有一定要怎样才对。没有一定要怎样才对时,反而能让我们体验不同的乐趣。

有一年冬天,我到瑞典开会,在饭店认识一对自助旅游的同乡老夫妻。

我心想,他们每天吃牛肉丸、意大利面、喝咖啡,看的都是美术馆和博物馆,而且斯德哥尔摩以多岛多桥著称,常常过一个桥就是另一个岛,要走遍并不容易。加上当时冬天气温约零下十度,老人家应该很不适应。

闲聊之后,果然老夫妻对参观景点没概念,对当地的食物和气候也在调适中。可是出乎我意料,他们玩得很高兴。

早餐的三明治和咖啡、晚餐的麋鹿肉吃不惯没关系,他们当成新鲜的尝试;美术馆和博物馆看不懂没关系,他们当成出来运动;天气严寒,让他们有理由送大衣给对方。

随遇而安的妙处由此可见。当你得到想要的东西,那很好;如果没得到呢,也没关系。当结果是你希望的,去享受它;如果结果不是你期望的,也去喜欢它。

有一则故事:

有一位旅人在旅途中想找个地方过夜。村里的人告诉他山上有一间古庙,他抵达山上一看,原来是间摇摇欲坠的荒废破庙,但他仍然决定在这里过夜。旅人把地板的木头拆下来,放进地炉燃烧取暖。

这时,地炉上方稀稀落落地飘下落叶。他抬头往上看,原来屋顶破了一个洞,明亮的月光照射进屋内,洒落在他的身上。

一般人遇到这种情况,大概会感叹,多么落魄的夜晚。那位旅人却愉快地说:"连月光都来祝福我和此庙,今晚能睡于此地,真是幸矣。"

这世界上的事本来就没有十全十美。我们永远不会到达一个一切都尽善尽美的地方。人生要学会随缘,才会活得自在。我前阵子到福寿山野营,突然下雨,原本觉得扫兴;却发现雨中有一股朦胧美,雾气笼罩整个山头,身在云雾缭绕的山林间,有如置身世外桃源,极富诗意。

"真美,这真是一次美好的旅行!"

要拥有美好的生活,并不需要改善什么,而是要放下那个念头,那么当下就是美好的。

专注美好的事物

当我们窄化了自己的眼界,
就会看见处处都是问题。

假如你出国度假,风光明媚,佳肴美味,心想真是一个美好的假期。但是当你搭飞机回国的时候,不但飞机误点,行李还损坏了。

第二天,你的朋友问起你度假的事。你是抱怨倒霉的遭遇,还是分享美好的经历?

当你去音乐会,听得如痴如醉时,结果正后方坐的两个人在不停地低声交谈。你会继续沉浸在音乐中，还是会被他们的声音破坏愉快的经验？

你心里想着什么，就会经历什么。我们都有经验，有时候一天做了十件顺利的事，但只要一件事搞砸了，便足以毁掉今天所有的喜悦；一点小小的挫折，就足以破坏一整天的心情；一个小疏失，就让自己否定所有的努力；一句让你生气的话，会纠缠你一整天。

你可以做个实验：看看你的周遭，试着注意所有蓝色的东西。认真地找，记下来之后，请闭上你的眼睛，然后回想一下刚刚你记下的所有——绿色的东西。看看你可以说出几项。

好，现在睁开你的眼睛，再看看你是不是漏掉了很多。为什么？

"因为你要我找蓝色的东西，而不是绿色的。"答对了。这就是我想说的重点。你要找蓝色的东西，所以你就只看到蓝色的东西，而忽略了绿色的东西。

许多关系的决裂原本都是因为一些小事，后来越演越烈，原因也在这里。有太多人把焦点放在对方的缺点和错误上,忘了所有过往的美好,只专注在那些细枝末节上。就像一位在自家后院养鸡的妇人,光顾着捡拾鸡粪,却把鸡蛋忘掉了。

当我们窄化了自己的眼界,就会看到处处都是问题。所以,我们必须经常提醒自己:"我现在把自己的意识专注在什么地方?"并问:"这会为我带来什么经验?"

专注于美好的事物,看见自己所拥有的。你能想象,如果你把这个生活态度铭记于心,你的人生将如何转变?如果你在街上走路或开车时,你开始寻找美丽和让你欢喜的事物,会怎样?当你跟人在一起时,如果你决定把焦点放在关爱上,而不是去批评他们,会怎样?当你在生活中,如果你把心思集中在开心有趣的经验上,而不去想惹恼你的事,会怎样?

当你这么做,你就是在为这个世界带来更多美好的事物;同时,也为自己的生命带来更多美好。

生命的品质决定于注意力的品质,你所注意的东西将会成为你生命的重点。要记住,那些不如意的事,都只是人生的一部分,千万不要让它变成人生的全部。

决定快乐地度过今天

快乐就像阳光,
如果你打开门窗,阳光一定会照进来。

许多人对快乐有很深的误解,以为"快乐"必须是"解决某个难题""改善某个关系""得到某个东西",或有什么"值得开心的事"才觉得快乐,因而总是郁郁寡欢。

当我们为快乐设定了条件,我们就很难快乐。例如,等我有一辆新车,我才快乐;等我获得升迁,我才快乐;如果我能出国旅游,如果我的家人能多了解我,我才快乐;如果我通过考试,如果我的体重减轻,如果……那么在这之前,你将很难快乐,对吗?

人们追求快乐,却总得不到真正的快乐,原因就在他们不了解"自己"才是快乐、幸福的最大障碍。如果你了解的话,就不会给快乐定出条件,那是愚蠢的。想要快乐,现在就可以快乐,不必等到家庭或事业都完美了,或是所有问题都解决了才能快乐。你不需要等到目标达成、梦想实现才快乐。不,你此刻就可以快乐。

快乐是一种选择。就算我们身边的人难以相处,我们还是可以选择快乐。就算情况很糟,计划不顺利,我们还是可以决定让心情保持愉快。快乐的关键在于决定要快乐。当你决定要快乐,你就可以找到快乐;你选择痛苦,就会找到痛苦的理由。你也许正走在人生的低谷,面临许多难题,你有很好的理由让自己不快乐。但是,一直闷闷不乐并不会让情况好转,负面消极也不会对事情有所帮助。为什么不让自己开心点?

林肯说:"乐由心生。"快乐就在我们心里。生日那天你很快乐，想过吗，这快乐是怎么来的？你说："那是因为那天心情不一样啊！"心情不一样，这就对了！即使那天跟平常的日子并没有什么不同，同样的生活，同样的工作，同样的一天……但是当你心情不同，当你带着欢喜，日子就会变得完全不同。因为就在同一天，也有人过得很悲惨，不是吗？

快乐是你自己决定要快乐起来的结果，仅此而已，就这么简单。每天早上醒来的时候，你可以决定要快乐地度过今天。事实上，不仅在早上，每一个片刻你都可以自己做主。试着不必有任何理由而快乐，你将会感到惊讶！随时随处都可以拥有欢喜，如路旁有一朵可爱的野菊，枝头有鸟儿唱歌，喝一杯热咖啡，躺在草地上，看着孩子嬉戏……只要用心感受。

所以，开心幸福是如此简单！

选择不同方式"回应"

你不需要改变别人,
但你能改变你对他们的反应。

如果你检视你的情绪反应,是否发觉自己就像个机器人,经常陷入固定的行为模式而浑然不知。你无须思考就会有所反应。当你看到有人对你微笑时,你会自然地向他微笑;当有人骂你时,你就会生气;当有人让你难堪时,你也不会想让他好过。就像是一个写好的程序一样,灌输在你的脑袋中。最后就变成了一种习惯性的反应。

一次又一次，你从来没有思考过你的脾气。"这样做有什么好处吗？这有什么帮助吗？这是我想要的生活吗？"你的时间都浪费在同样愚蠢的反应上。日复一日，你还是同样的方式、同样的态度，说着同样的话，有着同样的行为模式。

我听过一件趣事。一个年轻的新娘替他的新婚夫婿煮一块火腿。她先把火腿的两头切掉，然后放入锅中。丈夫问她为什么这么做，她说因为她的母亲"一向都如此做"。

后来有一天，这对夫妇到娘家吃饭，餐桌上也有火腿。于是，女婿随口问道："为什么要把火腿的两头切掉？"母亲耸耸肩说她也不知道，只知道她母亲"一向都这样做"。

最后，他又去问他太太的祖母，为什么她总是先把火腿的两头切掉，然后再下锅烹煮。

祖母笑着回答："因为我的锅子太小了。"

这个故事传神地描绘了我们僵化的反应。想想这些年来，我们是不是已经习惯了某种固定的思考模式？或者是不是已经有某种习惯的行为？

快乐是知道你拥有选择的自由。你不需要改变别人，但你能改变你对他们的反应。举例来说，如果有人羞辱你，你只要对他们微笑就好。平常你会报复，现在你反而微笑；当你这么做时，你就走出了僵化的反应。

有人惹恼你，你可以用温和的字眼，比如用"我不喜欢"来取代"我厌恶"或"气死我了"，感觉是不是好多了？

有人对你恶言相向，不要以牙还牙，你可以改变方式："为什么你会这样？为什么你会这么认为？你想表达的是？所以你真正希望的是？"提出问题可以消除火药味，给对方冷静下来的机会。另一方面也可以让对方把意图说明，让争论尽早平息。

一般来说，有人批评你时，你总是会以受伤或生气的模式来反应。试试看，反过来关心对方："某某人你好像很生气？"这句话可以让正在发火的对方明白，"你"

这个被他痛骂的人,很能体会他目前的心情。也让对方马上晓得,不必花这么大的力气继续谩骂下去。

你也可以这么说:"实在很抱歉,刚才你讲得太快了,我一时没听清楚。是否能麻烦你再说一遍?"天底下很少有人喜欢把自己刚才的丑话,再从头讲一遍的。你主动打断对方的话,会让对方顿时感到一阵挫折与无奈,原来的气势便无以为继。

你还可以选择"保持沉默"。只要你一言不发,自然一个巴掌拍不响。

懂得以不同方式"回应"很重要,这样你才是自己情绪的主人,而不是被自动化情绪反应带着走的机器人。

学习逆向思考

这世界上没有永远绝望的处境,
只有绝望的人。

在网络上读到一篇有趣的短文:有个失恋的人在公园里,因为不甘而哭泣,遇到一个哲学家。哲学家知道他为什么而哭之后,没有安慰,反而笑道:"你不过损失了一个不爱你的人,而她损失的是一个爱她的人,她的损失比你大,你恨她做什么,不甘心的人应该是她呀!"

这就是逆向思考。人们的思考模式,常固定于单一的想法，如此就很容易陷入偏执。而逆向思考，则是转换为不同的角度。改变看事情的方式往往就能改变事情。

假如你的朋友半夜打电话来，把你吵醒，你心里必定很不高兴。接起电话一听，结果也没什么大不了的事，你一定更生气。现在，请你先静下来，逆向思考："朋友一定认为我是一个值得信赖的人，他相信即使我被电话吵醒也不会生气，才会在半夜打电话给我。"

同样，遇到挫折，也可以逆向思考。例如，你经常上班迟到，被老板训了一顿，还被扣钱。从坏的方面讲，你真倒霉；但从好的方面来看，你虽然被骂，被扣钱，但是改掉了迟到的毛病。

不从失去的角度思考，而是认识到每件事的发生都有值得学习的地方。"他是为我好""这是个很不错的学习机会"，原本的怒火就会消失无踪。

有个朋友的工作场所非常狭窄，有次我到他那里，看到后忍不住问："这么狭窄拥挤的地方怎么工作？你不会感到压抑吗？"

"没错!这地方是小了些,但也有它的好处。"朋友笑答,"就是假如我不认真工作,文件资料就会堆积起来把我活埋,因此我的工作效率一直很高。"

美国心理学之父威廉·詹姆斯说:"智慧便是以非习惯性的看法看一样事物。"当你摆脱习惯性的思考模式,以一种新的方式去看一个旧的问题时,"这件事有好的一面吗?""这件事有什么好处?"认识到事情虽有不幸或糟糕的一面,但也有好的一面,就是一切扭转的关键。

曾有位读者向我抱怨,说身边有些朋友常对他不怀好意,他因此耿耿于怀。

"这其中有什么好处?"我要他想想看,"他们这么做,不但能让你明白一件事——他们根本不是你的朋友。还有,他们摆明对你不好,起码让你看清真相,总比表面对你好,背地里却偷偷算计你要好多了,不是吗?"

话说草原上有一对旅人正在帐篷中休息,不料一阵狂风呼啸，吹走了帐篷。旅人甲说："糟糕！我们的帐篷被吹走了！"旅人乙说："那正好！我们可以尽情欣赏这浩瀚繁星了！"

这世界上没有永远绝望的处境，只有绝望的人。学习逆向思考，你会发现事情没那么糟。

宏观地看自己的处境

人生最严重的一件事,
就是把凡事都看得太严重。

多年前,内布拉斯加大学心脏学系主任埃利奥特心脏病发作,病情严重,在住院的三个月中,他仔细思考了自己濒死的处境与余生。后来将整个心得写下来,提出两条生活守则:守则一,别为芝麻小事耗力气;守则二,所有事情都是芝麻小事。

这真是宝贵的建议。我们经常都把自己搞得又气又恼——车子被剐,房子一团糟,朋友约会不准时,店员态度恶劣,孩子打翻饮料,太太乱花钱,先生忘了你交代的事……而今呢?这件事真的有那么大不了吗?再回想一下,几年前发生在你身上的那件不得了的大事——不管是情人变心,考试没考好,演讲时说得结结巴巴,还是受骗上当,遭人诬陷,撞断了腿……现在回头看,是否已云淡风轻?

就像你把手拿远一点,视线就不会被遮住;当你把事情放长远来看,问题就会显得十分渺小;当你扩大自己的眼界,眼前的痛苦经验就会显得无足轻重。以下是我听到的例子。

一位太太说:"我曾担任医院的义工,每当情绪低落,我就会到医院帮忙,看到一些口中插管、昏迷不醒的人,就会觉得我这点挫折算什么!"

一位骨折病人说:"我在病床上贴了一张便条,每天念它一回。便条上写着:'开心点,毕竟你的腿不是永远断了。'"

一位先生说:"投资失败让我经济拮据,甚至到目前为止,我的收入还不够支付家庭所有的开销,但是有一次我在电视上看到一部介绍贫穷国家的影片,介绍那些挣扎在饥饿边缘的难民,在疾病、痛苦中仍生存着,我突然发现我的困难根本没什么大不了。"

想想最近发生的烦心问题,或让你懊恼和挫败的事件,问问自己:"你的境遇真的有那么糟吗?这件事真的有那么严重吗?"遇到不幸时,去想想比你更悲惨的人;遇到痛苦时,去帮助比你更痛苦的人,你会发现,问题不再是问题。人生最严重的一件事,就是把凡事都看得太严重。现在看似沉重的负担、难解的问题,想想看:一年后,这件事还会重要吗?十年后,你会怎么看现在的情况?拉长时间,以更宏观的角度观察目前的情况,你或许就会一笑置之。

著名的物理学家霍金说,在千亿个银河里,我们住在其中一个银河外围的一颗超级普通恒星的一颗小行星上。你我只是几十亿人之一。人真的是够小的,想想广大的宇宙,你不觉得自己把一些小事看得太严重了吗?

以旁观者的眼光看事情

站在巨人的肩膀上看事情,
必然可以比巨人看得更远。

　　大家有没有以下的经验?就是当你是局外人时,就可以旁观者清。如果别人带着一个问题来找你,你总能够很清楚地加以分析,可以给出不同的观点或是他没有想到的建议。但当事情发生在你身上时,你就钻牛角尖,想法变得很僵化,没有弹性,甚至陷在情绪的泥沼中。

　　当那是"别人"的问题时,你是超然的。而越是切身相关的问题，我们越难持客观的态度；情绪上来时，理性思维的空间就越小。这时，想要抽离自己的情绪，可以利用旁观者的观点解套。例如，我们常会说："如果我是你，我会……"这就是以旁观者的视角来看待事情。

遇到困扰时，你可以把身份互换："如果是我的朋友发生这种情况，我会怎么提供意见？""假设今天有烦恼的是对方，我会给他什么建议？"角色这么一对调，便很容易找出问题的症结，知道自己下一步该怎么做。

这超然的旁观者模式并不局限于任何人。如果你的朋友婚姻美满，你可以学习他们的相处之道，遇到感情问题，就问："如果换作他，他会如何处理？"

如果你的同事擅长人际管理，当你遇到公司管理和人际关系的问题时，你可以问自己：如果是那位同事，他会如何处置？

罗斯福说，在他当总统的时候，凡是碰到犹豫不决的问题，他就会望着挂在白宫办公室墙上的林肯肖像自问:"如果林肯处于我目前的情境,他会如何解决这个问题?"

也许你会觉得好笑,但这确实是他认为帮助他解决所有困难最有效的办法。因为以林肯这位局外人的角度来看事情,不但客观,更重要的是林肯总统的历练、成熟与智慧也是值得效法的。

有位朋友就运用了这项技巧。在遇到公司决策的问题时,他就问:"假如是总经理,他会如何决定?"遇到投资问题,就自问:"假如是金融巨头巴菲特,他会如何处置?"

若是涉及生活或情感的问题,他就在心里问一位他所景仰的上师:"如果师父遇到同样的问题,他会怎么面对呢?"

他告诉我:"真的很神,每当我静心等待答案的那一刻,问题已经消失了……我明白,最终解决问题的方法,其实不是要完美的答案,而是不要再制造问题。"

试着换位思考

想象自己与对方角色互换,
将心比心,然后思考自己要怎么做。

很多人都听过"换位思考"这几个字,但要真正做到并不容易。因为人都习惯从自己的角度、自己的期待、自己的利益、自己的观点看事情,欠缺同理心,就很难设身处地与人相处。

以我为例,在年轻时有段时间,我经常将自己刚学来的心理学理论套用在朋友身上,在对方开口之前就出言揣测，自以为很了解他们。结果伤害了其中几位朋友，彼此的关系越来越差。最后我深深地反省，才察觉自己其实根本不懂他们。

要真正做到换位思考，第一件事就是倾听与观察，而不快速下判断。要将自己置身对方的立场和视角，去体验对方的内心感受。"如果我是他，会怎么样呢？"想象自己与对方角色互换，将心比心，然后思考自己要怎么做。

比如，这人是你的爸爸或先生，他在上班，你就想象自己开他的车去公司，你开始过他所过的一天，一直到回家进门，看到房里一团乱、你正靠在沙发上玩手机的画面，他的感觉是什么样的？

当教导孩子而情绪失控时，试着角色互换，"如果我是孩子，我会怎么样呢？"想想他还是个孩子，想想自己也曾年轻过，是不是气就消了？

有位朋友，常抱怨太太爱唠叨，每次跟朋友出去聚会她都碎碎念，真受不了。每天上班累得要死，难道我就不能放松一下吗？

如果他能"换位思考"：虽然我很累，但当全职妈妈更累，从早忙到晚，买菜、洗衣、做饭、带孩子、打扫卫生，像是一个永无休止的循环。反倒我下班回到家就可以休息，偶尔还可以和朋友聚会欢乐，也难怪她要唠叨了。以后我应该多体贴，学着做一些家务，帮她分担一些压力，如此一来她就不会再唠叨我。

跳出自己的位置，眼中不再只看到对方做了什么，而能看到自己做了什么。静下来想想：

如果我处在我妻子的位置，或者如果我是先生的角色，我是否期待与我这样的人成为伴侣？我是否喜欢被这样对待？

如果我是下属，我是否是自己希望遇到的上司？如果我是员工，我是否为自己能待在这样的公司而庆幸？

如果我是父母，我是否以有我这样的孩子为荣？如果我是孩子，我是否以这样的父母而骄傲？

你与人难相处，是因为你没有角色互换；你批判别人，是因为你没有将心比心；你会去伤害别人，是因为你没有去感受他人经历的痛苦。当你换位思考，感受对方的感受，成为对方时，一切都将转变。

去爱得更多一些

只要回到爱,那么,
正确的答案就会自动显现出来。

在人类所有的情绪中,爱与恐惧是两种最基本的情绪。情绪如果不是来源于爱,就是来源于恐惧。观察一下,在每一次情绪升起时,自己正在害怕什么,内心有什么担忧。你将发现情绪背后,往往指向一个最深的恐惧。

比如,当你火气上来时,你为什么生气,原因有很多，但深入探究，愤怒都是因为恐惧，害怕失败，害怕失去，害怕丢脸，害怕受伤害，害怕自己的声音不被听见。为了不表露出害怕的情绪，我们本能地以愤怒掩饰这份恐惧。

再如，我们常听到夫妻之间的争论："你只想到你自己。""你根本不在乎我。""你从没爱过我。"当我们伤心难过地责骂对方时，其实是因为害怕：我怕你不理我，我怕你忘了我，我怕失去你……愤怒、悲伤、嫉妒、失望、怨恨等负面情绪都是恐惧的表达。

恐惧与爱其实是同一件事，只是表现形式不同而已。如果你不爱自己，你就不会为自己担忧，就不会害怕任何东西。同样，如果你不爱他人，你就不会为他担忧，或是害怕他人做错什么事，因为你不在乎他会发生什么事。

转化的秘诀即，由恐惧转变为爱。原因很简单，当我们感觉到恐惧时就无法去爱了；当我们感到愤怒时也无法去爱；当我们感到嫉妒、怨恨时，也无法去爱。所有情感和情绪的问题，其实只有一个问题：我们选择了恐惧，而没有选择爱。

建议大家无论面临什么处境时，都可以把爱当作最高的指导原则。当我们选择以爱的心理来行事时，就能超越恐惧。

有位读者参加歌唱比赛时，因紧张而走音了。后来她用了这个原则，很快就稳定下来。

她诉说当时的情况，当她发现自己走音时，问了自己一个简单的问题："如果是爱，我会怎么做？"于是她立刻让自己满怀着爱，她选择前排一位听得很沉醉的观众，并开始对着他表达出充满爱意的歌声，于是这份感觉很快就扩及其他人，她瞬间带起了全场的气氛。

每当恐惧的时候问问自己："如果是爱，我会怎么做？""如果是爱，我会怎么决定？""如果是爱，我会怎么处置？"只要回到爱，那么，正确的答案就会自动显现出来。

没有爱，才会有恐惧。《奇迹课程》中说，爱与恐惧，两者犹如光明与黑暗，只要亮光出现，黑暗自会消失。所以你不必跟黑暗对抗，只需打开灯，黑暗就自然不见了。

同样，你也无须跟心中的恐惧对抗，只要心中充满了爱，所有的恐惧就会消失。你不必试图摆脱负面情绪，因为所有不好的感觉都只是缺乏爱；当心中有爱时，负面情绪就会消失。

医治爱的唯一良药，就是更多的爱。去爱得更多一些吧！

把心思放在你想要的结果上

要多去种花,
而不是一直拔草。

我们太常把力气用于避免不好的结果,而不是借以创造更好的结果。我们会这么说:"我不想再挨领导批了。"而不是:"我想要得到领导夸奖。"我们会说:"我不想重蹈过去的失败。"而不是说:"我想尽力取得成功。"所以结果得到的常常是不想要的。

美国资深飞行教练柏尼梅发现一种现象:教导新飞

行员最困难的功课之一,就是让他们在短而危险的跑道上降落,只专心注视跑道安全的地方而不看危险之处。人的天性,是定睛在想要避免的障碍和危险上。但是经验告诉我们,飞行员若注目在危险的地方,迟早就会撞上去。

最痛恨的人,为什么往往忘不了? 因为你一直想着"那个人";想戒烟的人,为何戒不了,因为老是想着"烟";怕老的人,为什么老得更快,因为心里想的都是"老";总是出错的人,因为太专注于自己"做错了什么",而不是"怎么做才对",结果就正如所想。

有位朋友最近受邀去做一场大型演讲,他问我,有什么方法可以让自己有好的表现?

关键在于你抱持什么样的心态:恐惧还是热情。

当你抱持恐惧,你便聚焦在"不想要"的事情上。你的目标是竭尽心力减少或避免不好的结果发生。你会担心害怕,焦虑不安。这绝对不是愉悦的经验。

相反,只要你将注意力从恐惧转换至热情——"这真是个天大的好机会,我可以跟这么多人分享我关注的事情。""我想提供更新的观念,让他们学到更多的方法。"朝想要的结果努力,而非避免不想要的结果,你就会开始觉得更有动力,更投入,表现更出色。

老担心问题,不会让问题消失;老想着不开心的事,也不会让你开心。我们必须时时提醒自己:

把念头放在"渴望的",而不是"恐惧的"事物上;

把眼光放在"成功的",而不是"失败的"经验上;

把心思放在"快乐的",而不是"痛苦的"回忆上;

把注意力放在"想要的",而不是"不要的"东西上。

我们不是要去避免衰老,而是要为自己注入青春活力。不必试图讨好不喜欢你的人,要把心思放在那些喜欢你的人身上。不要试图去改善生活,而要将更多的注意力放在享受生活上。是的,要多去种花,而不是一直拔草。

专注于手上的事

如果你想到不开心的事,
那一定是因为你不够专注。

当你心无旁骛地阅读这本书时,如果你是的话,那么现在有什么感觉?你不会有任何纷扰,不愉快;内心会感到一种清明与平静。

许多大师和智者们一再提到:专注当下。有人因被欺骗、伤害,痛苦的记忆想忘都忘不掉——专注当下;有些人因为工作、婚姻、家庭的压力,脾气越来越暴躁——专注当下；有人烦躁焦虑，失眠，得忧郁症，同样——专注当下。

道理很简单，当一个人在走钢丝的时候，想走完全程，应该专注哪里？难道他会想："我怕撑不下去。""我还得走多远？"当然不是，他们只要专注当下，烦忧就会烟消云散。

有位先生家里接连遭受两次不幸。

第一次，他失去了五岁的女儿。他和妻子都以为他们没有办法承受这个打击。更不幸的是，十个月后，他们另一个刚出生的女儿也去世了。

这接二连三的打击使他几乎无法承受。他睡不着，吃不下，无法休息或放松，成天哀怨自怜，郁郁寡欢。

不过幸好，他还有一个四岁的儿子，他让父亲学到"渡过难关"的方法。

一天下午，父亲呆坐在那里难过时，儿子问他："爸爸，你能不能给我做一条船？"他实在没兴致，可是这个小家伙很缠人，他只好勉为其难。

他花了将近三个小时才做好一条玩具船。等做好时，他才发现，这三个小时是这些天来第一次感到放松平静的时刻。

这一发现使他如梦初醒。他明白了，如果你专注在某件事情上，就不会再想起忧伤的事。

没错，你可以回想以前，然后陷入不快乐；你可以想到以后，然后变得不快乐。可是当你专注当下，当你全神贯注于手上的事时，你不可能不快乐。

许多人喜欢看电影，因为电影能让我们专注。两个小时的时间，我们沉浸在剧情里。我们不会想起伤心的往事，不会担心下星期要交的报告，不会想到和同事发生的冲突。甚至仅仅是投入更多的专注在树的颜色或是鸟的声音上面，我们也会忘记不开心的事。这里有一些技巧：

集中注意力在每天的日常生活，像是吃或喝东西的时候，专注观看、嗅闻、品尝、咀嚼以及吞咽食物，觉察身体和内心的感觉。

当你站立或走动时,花一点时间留意姿势。注意你的脚掌与地板的接触。当你走动时,感受一下空气在脸上、手臂及腿上的流动。

当你听到电话铃声、鸟叫、风声、笑声、喇叭声或是关门的声音时,用这些声音提醒自己全然地活在此时此刻。

当你做一件事或与某人在一起时,让自己完全融入当下,尽你所能地投入,彷佛此时此地世上唯有自己、唯有此事。

试试看,当心灵专注时,痛苦就进不来。

觉察自己的想法

我们的遭遇不会使我们情绪低落，
我们的想法才会。

  常有人问我：如何做好自己的情绪管理？我的答案是：先管好你自己的想法。

  情绪是思考的结果。当你感觉自己被负面情绪淹没时，暂停片刻，先检视负面情绪产生前你在想些什么。一定是负面的，对不对？"他是不是在生我的气？""他是故意摆架子！""要是他没离开我就好了。""连这也要我忍耐！"于是你沮丧、难过、焦虑和不快乐。

负面情绪都是你心中的想法产生的。了解这点非常重要。如果你不能清楚地领悟你是思考者，却想管理好情绪，那是不切实际的。没有这种正确认知，你会很容易为自己的想法所左右。比如当一两件你觉得不顺利的事发生了，你可能会想"没有一件事顺利"。这时，你便觉得有理由为自己感到难过，而又引起更多否定的想法，接着自怨自艾起来。

作家布恩斯说："你的情绪会跟着你的思维走，就好像小鸭子会亦步亦趋地跟在鸭妈妈后面一样。尽管小鸭子忠心耿耿地追随鸭妈妈的脚步，但并不表示鸭妈妈很清楚它会走到哪里去。"

没错，人在想一件事的过程中，往往意识不到自己"在想这件事"；只有中断对这件事的思考，才能意识到。以情绪为指标，可以帮助我们了解自己处在什么样的想法中。如果你能对升起的念头加以觉察的话，那么你便能摆脱负面情绪。

我们不妨做个实验,试着让自己非常生气,气得咬牙切齿,火冒三丈。很难,对吗?因为情绪只有在我们没有觉察的情况下才能控制我们。当你想要有意识地引发负面情绪时,你是办不到的。当你有意识地去愤怒时,你会觉得跟它之间有一段距离,无法完全融入。

有一天,一位信徒请示盘珪禅师:"天生情绪暴躁,不知要怎么改正?"

盘珪禅师听了后,对信徒说:"好,现在你就把情绪发出来给我看,我来帮你改掉。"

"不行呀,现在没有。但是,碰到事情的时候,自己就控制不住要发脾气了。"信徒回答道。

盘珪禅师于是说:"这个情形是很奇妙的,现在没有,在偶然的情况下,才会情绪暴躁,可见不是天生的。既然不是天生的,哪有改不掉的道理呢?"

信徒会过意来,从此努力把暴躁的脾气改掉了。

回想一下最近让你发怒的一件事,然后问自己一个有趣的问题:在你去想之前,这个情绪何在呢?只因你没有去想,它就不存在。换句话说,就算真的有不愉快的事,你也不必一直想着它们而感到气愤吧!

所以要经常觉察想法。记住,情绪是来自你心中的想法,你可以自由选择。

找回平静的心

智慧就是内心平静的那个声音,
让它领路。

你是否曾经注意过,当你遇到问题时,不论是什么问题,你会怎么做?你会花很多时间想这个问题,但你就是找不到答案。然后你把问题丢在一旁,去散个步,听听音乐,喝杯咖啡,读读书,或跟某人聊天……突然答案就这么出现了。这是如何发生的?你的心里一直在想着要解决的问题,但你一直找不到答案,所以你把问题放在一边。当你的内心变得平静时，在那份平静中，问题获得了解决。

就像雨后河水浑浊，你不需要进到河里面去清理它；当河水流动时，泥沙自然就会沉淀下来，而枯叶、垃圾会顺流而下，然后河流就会变得干净清澈。如果你去清理，反而会将它弄得更浑浊。

每当遇到问题的时候，我们往往会滋生很多情绪。焦虑和烦躁使我们耗费更多的时间和精力。问题恶化，是因为我们常常反应过度。想获得平静的第一步是，认识到自己本来是平静的，我们要做的不是去追求平静、创造平静，而是找回自己平静的心。

我们应该随时注意自己的心。"此刻，是我的心在焦躁，还是世界在焦躁？"当你觉得心情浮躁的时候，问自己："此刻，是问题很烦躁，还是我的心很烦躁？"

慢下来，静下来。从现在起，不管做什么，试试看：让——你——的——动——作——慢——下——来。

试着很慢，很慢地走路，慢慢吃，慢慢地喝水，慢慢地说话，于是你的呼吸和心跳也慢慢地慢下来，于是你不再那样急躁，不再混乱，心也跟着静下来。

当一件事情发生时，只着眼于事件本身。全然专注于眼前发生的事情、正在做的事情，要知道，你头脑里面的噪音就是混乱的源头，不要被它带着走，直到内心平静。智慧就是内心平静的那个声音，让它领路。用平静的心，去面对不平静的事。

你无须费力去争执，只要平静下来，正确的言语就会产生。

你无须费心去为自己辩护，只要平静下来，你的举止就是最好的说明。

你无须刻意去控制情绪，只要平静下来，当心田的淤泥沉淀，湖水自会澄清。

回到一开始，当最后一次

把每一次当最后一次，
或许就能找到最初的那颗心。

关于我们现在所做的事，都曾有一个美好的开始，无论对孩子，还是对感情、婚姻、工作、梦想，我们都曾怀着期待，充满兴奋、热情，幻想未来的美好。但是，后来的一切，为什么变得和期待不一样？

无可讳言，现实世界常给人诸多挫败，时常事与愿违。孩子令人失望、爱情教人幻灭、婚姻让人窒息、工作使人厌烦……在不满抱怨的失意中，在无趣又无奈的日子里，许多人早忘了那个"最初"。

有一对夫妻婚前感情很好，但婚后不久就开始相互抱怨：妻子觉得丈夫不体贴，不够有钱；丈夫则嫌妻子心胸狭隘，太唠叨。因两人的关系越来越糟，于是向著名的心理学家艾里克森求助。艾里克森花了三个小时倾听两人的不满和抱怨后，只问一句话："请问，你们当初结婚，就是为了这无休止的争吵和抱怨吗？"夫妻俩顿时如醍醐灌顶，之后很快回复了往日的甜蜜。

我们是需要常常提醒自己，当事情走样变调时，回想"最初"——想想看，你会跟这个人在一起，你会选择这份工作，你会去到那里，你会做这件事，你会做这个决定……是否还记得自己的初心？

回到一开始。回到爱开始的时候。回到梦想一开始的地方。回到一开始的那份初衷，你会知道自己该怎么做、怎么生活。

"已经没感觉了，要怎么回到开始？"曾有人问。

如果无法回到"最初",那就把它当作"最后"。

或许这个人你已厌烦,这个地方你已去过很多次,这个表演你已演出无数次,或许这份工作你已做了几十年,但是,如果你知道这是"最后一次",心态和表现会不会不同?

在养老院有位女士,悉心照料瘫痪婆婆数年如一日,她说了一句令我非常感动与认同的话:"把每次的照顾都当作最后的一次照顾。"

当我们把每一次都看作"最后一次机会",就会认真积极;面对每一次比赛,都当作"最后一战",就会用最大心力;把每一次恋爱都当成"最后一个对象",就会用心付出;把每一天当作"生命最后一天",就会懂得珍惜;把见到的人当作"最后一次见面",就会更有耐心、更有爱。

"人随时都会不在,"一位在急诊室看尽生命脆弱与无常的朋友,有感而发,"我是用自己随时可能会走的心态过每一天,去对每一个人,去看每一件事的,很多事没什么好计较的。"

试试看,把今天当作你在世上的最后一天来过。当你看见到你所爱的人,你要告诉自己:"今天是我的最后一天,以后我再也不能照顾他了。"吃饭时,你要对自己说:"以后我再无法品尝食物了。"看到窗外的日落,你要对自己说:"以后我再也看不到美丽的彩霞了。"

把每一次都当作最后一次,或许就能找到最初的那颗心。

幽默地看待人生

有幽默感能让我们转变观点，
化苦为乐，甚至破涕为笑。

幽默大师林语堂说过一句话："现代人把人生看得太严重，世界就充满苦恼。"英国著名剧作家王尔德也说："生命太严肃了，切莫当真！"如果你把自己看得很重，人生就会过得很沉重；轻松看待人生，人生就能过得轻松。

有个孩子突然号啕大哭，妈妈急忙跑来安慰："怎么哭得这么伤心呢？"

孩子边哭边说："刚才爸爸在钉钉子，不小心用铁锤砸到自己的手了。"

妈妈说："乖儿子，你这么懂事，爸爸一定很高兴，别哭了，笑一个吧！"

孩子很委屈地说："我就是因为笑才被打的！"

有人或许会怀疑："当事情发生时，又怎么笑得出来？"这问题说出了重点，这也是为什么要大家学习幽默的原因。

大部分的人听到笑话或是别人的糗事，很容易大笑，却很少有人幽默地看待自己。例如，你的小孩把你的化妆品涂得满脸都是，你会生气还是觉得有趣？盘子掉在地上摔破了，这是一团糟还是日常生活的小插曲而已？突然下一场大雨把你淋成了落汤鸡，你会懊恼还是觉得好玩？

学习幽默的第一步，是把注意力放在"这件事多有趣"上，而不是放在"这件事有多糟糕"上，就像小孩子一样，处处都可以找到乐子。

午后的一场大雨，让地面形成一洼洼的小水坑，有一个妈妈带着两个年幼的孩子，小心翼翼地避开人行道上的积水，哪想，一辆疾驶而过的出租车溅起一片水花，将三人浇了一身湿。

母亲极其懊恼之际，旁边的大儿子却兴奋地对妈妈说："遇水则发，我们要发了。"另一个较年幼的孩子也高兴地说："对啊！有人浇水在我们身上，我们要发芽了。"

正在生气的母亲听到这样可爱的童言稚语，也不禁莞尔一笑，二人就快快乐乐地踩着积水回家了。

幽默不只是开玩笑。幽默是一种心境，引发趣味思考的观点，调整看待人生的镜头，让我们扭转情绪，笑逐颜开。幽默更是一种智慧，幽默不但能化解窘境，还能化险为夷，化敌为友⋯⋯

有一位丈夫生妻子的气，吃饭的时候赌气不吃，妻子连忙盛了一碗饭给丈夫，并语气轻松地开玩笑说："你吃下这碗饭,才有力气跟我吵架啊!"妻子用幽默逗乐了丈夫,冲突当下就化解了。

有家公司举办年终活动,董事长偕同夫人一起出席。所有的员工都曾耳闻,这位霸气十足的董事长非常怕老婆,所以都等着看他要如何向大家介绍这位太太。

董事长笑着说:"大家都知道,在公司里我是老大,就是大家所谓的头头;在家里,我当然也是头头,决定各种大小事情。而我的太太虽然只是脖子,但是通常头要点之前,也要经过脖子的同意。"说罢,四周的人都哈哈大笑,化解了尴尬的场面。

当你微笑时,全世界都和你一起微笑。这句话并非只是励志书的陈词滥调。有幽默感能让我们转变观点,化苦为乐,化悲为喜,甚至破涕为笑。

有一次听养老院的老人们聊天,有位老人说:"返老还童好像是真的耶,要不然为什么我们现在都包尿布呢?"

放轻松,笑一笑吧!

勇于失败，坚持挑战

人生中有些风险是值得接受的，
即使是失败也是有价值的。

有人成功，就一定有人失败，每个人的一生中都有一门必修课，那就是面对失败。当我把自己失败的经验分享出来时，从熟识的同事、朋友口中，我发现自己并不孤单。一位同事告诉我，他大一时，曾迷失方向，考试成绩一科不及格，三科补考。一位朋友说他历经创业失败，惨赔负债，女友又移情别恋；另一位朋友小学时被推到舞台上，在一大群观众面前表演，却尿湿了裤子，当场大哭。一个接一个，我惊讶，我所认识的这些优秀杰出的人，竟也曾如此不堪。

很显然，在挫败之后，我们才会看清自己，才会痛定思痛。所以比起专注于追逐成功，我更鼓励年轻人勇于失败，能碰到更多挫败是好事。如果经常失败，表示你经常尝试，经常自我挑战，唯有如此才能迫使自己学习，失败的经验往往比成功的经验让我们成长更多。

我们周遭太多人都窝在所谓的舒适圈，过着千篇一律的生活。我并不批判这种生活，假如你过得如鱼得水，那真的很棒。但我听过有太多人困在一潭死水中。有人守着不开心的工作；有人抓着一段发霉的感情不放；有人陷在痛苦的生活哀怨自怜；有人迟迟不敢为实现理想踏出脚步。生命只是重复的无奈和无趣。为什么不给自己改变的机会呢？

当我这么说时，就有人问："万一失败该怎么办？""确定可行吗？"

"不，"我回答，"我不能保证，任何尝试和改变都是不可预期的。"

"既然如此，为什么要冒这个险？"

这是个好问题。"为了让你成为一个更好的人！"我说，"你甘冒这个风险，是为了追寻自己内心深处的愿望，是为了活出自己。"

丹麦思想家齐克果说："勇于冒险或许会一时失足，却步不前则会迷失自我。"失败是成就自我的代价，更是成就高人一等的必经之路。反之，零风险，则机会也是零。不敢踏出去，害怕失败付出的代价会更高。

我们应该学习坦然面对挫败，把它当作追梦过程中再平常不过的事情，然后专注于每一次失败的教训，看看从中学到了什么。尔后，当你回忆过往，你会感谢这些失败让你脱胎换骨；感谢这些挫败造就了铁打的你。而那些你经历过的波折悲惨，也会成为精彩的故事。

先喜欢，
然后快乐就会跟着来

碰到无法改变的事情，我们所能做的就是改变嘴角的线条——微笑吧！

假设有个人喜欢吃水果，而另外一个人不喜欢，谁比较快乐？喜欢吃的人从水果上得到愉悦，不喜欢吃的人则无法得到。在某种程度上，喜欢吃水果的人的生命更加快乐，也更享受。

同样，喜欢走路的人比不喜欢走路的人愉快，喜欢上班、上学的人也比不喜欢的人享受。我想说的是：在现实生活中,很难事事令人满意,许多事无法避免,如同日子不可能每天都是晴天,喜欢雨天的人一定比不喜欢的人快乐。

暑假订山区民宿,到达后才发现那里只提供素食,又没冷气。于是我转念想,出来本来就是为体验不同的生活,而且吃素,吹自然凉风,可减碳又健康,心也就变得欢喜。

再比如,以前找停车位都会找离目的地最近的地方,为此还经常在路上绕圈子,后来我把"多走路"转换成是"运动健身",走路变成了"喜欢"的事,就不再介意把车停在较远的地方了。

如果我们碰到一件无法改变的事情,我们所能做的就是改变嘴角的线条——微笑吧!平心静气地接受它,就能有多一点的弹性。这并不表示我们没有个性,而是我们可以随遇而安。

《汤姆·索亚历险记》里有一个情节:当汤姆还是小男孩时,被叫去给围篱刷油漆。其实,汤姆压根儿不想做这件苦差事,他想跟朋友出去玩。但他没有垂头丧气,也没有无精打采,相反,他摆出一副乐在其中的表情,把刷油漆的过程当作有趣的事。而当有人经过问他在做什么,他故意说这么好玩的事不能轻易给别人来做,没想到附近的小孩子纷纷用糖果或小玩意儿去跟汤姆交换。

如果事情不是你喜欢的那个样子,那就去喜欢事情本来的那个样子。这就是快乐的秘诀。每天出门,带着你的笑容,踏着愉悦的步伐,去感受生活的美好。

多赞美你的家人、配偶、孩子及身旁的人:说一说你喜欢他们的哪些特质,告诉他们你喜欢他们的地方。在生活中寻找你喜欢的事物:我喜欢这样的早餐,我喜欢秋天的树,我喜欢这首歌,我喜欢意大利面,我喜欢咖啡的味道,我喜欢这家店,我喜欢那个颜色,我喜欢这个城市。

在各种状况及事件中寻找你喜爱的感觉:我喜欢听到那样的好消息,我喜欢参加这个活动,我喜欢这份礼物,我喜欢朋友来做客,我喜欢意外的惊喜,我喜欢这样的安排……一个人的喜爱越多，欢喜就会越多。

我很喜欢一则七岁女孩的故事。每当全家人开车出游，她总想坐前座。她爸爸就会告诫她："只要妈妈也在，前座就一定属于妈妈，你得坐后座。"她一直不喜欢这种安排，为此老是争闹不休。有一天，她不等爸爸说半个字，就欣然地跳进了后座。爸爸说："哇，好棒——这次你不用提醒就到后座了。"小女孩坐直身子，骄傲地说："这就是前座！"

先喜欢，然后快乐就会跟着来。

不要紧，
一切都会过去

没有过不去的事，只有过不去的人。

"This will all pass.（一切都会过去。）"这是多年前朋友送我的书签。当时我正处于人生的低潮，心情沮丧，这句话给了我莫大的安慰与希望，同时也鼓舞我继续向前而非活在过去。就这样，一切果然都过去了。

此后，我常把这句话挂在嘴边，或送给需要安慰鼓励的人。

回头看看你的人生,有些事,你以为完蛋了,后来还是完成了;你以为不会再爱了,后来又恋爱了;你说自己过不下去了,几年后,你依然在这里……凡事别看得太重,笑一笑,过去就好!

毕业前夕,一位教授对学生们说:"我有句三字箴言要送给各位,它是使人心境平静的妙方。这三个字就是'不要紧'。"

一位女学生在笔记本上端端正正地写上了"不要紧"三个大字,她决定以此为座右铭。

不久后,她就遭受了考验:她爱上了一个温柔体贴的男人。她觉得他对她很重要,如果没有他,她无法想象以后的日子怎么过。可是有一天晚上,那个男人却对她说,他只把她当作普通朋友。那天晚上,她在卧室里哭泣时,觉得"不要紧"三个字看起来简直荒唐。

日子一天天过去,她发现没有那个男人也一样可以生活,而且仍然能过得很快乐。几年后,她再次遇到一位心仪的对象,他们步入结婚礼堂。婚后几年,他们过着幸福的生活。他们将所有积蓄用于投资,而且收入不错。可是有一天,丈夫告诉他一个坏消息:他们的投资全赔光了!她愣住了,她心里想:"完了,这一次可真的完蛋啦!"

就在这时候,小儿子用力敲打积木的声音转移了她的注意力,然后她看见小儿子灿烂的笑——那笑容真是无价之宝。她将视线投向窗外,两个女儿正在兴高采烈地合力堆沙堡。她忽然意识到,他们损失的只是金钱,他们所珍爱的一切不是都完好无损吗?她微笑起来,对丈夫说:"不要紧,一切都会过去的!"

用微笑去看待生活,即使陷入低谷,阳光依旧灿烂。人生纵使时而有阴影遮掩,烟尘蒙蔽,然而,当愁雾散去,又将是清澈明净,云淡风轻。

朋友告诉我他奶奶的故事:她三岁丧父,二十多岁就守寡了,咬紧牙关拉扯着五个子女长大。回忆过往,奶奶说,过去她认为是重大的危难,如今说来已云淡风轻;过去她认为是不可或缺的事物,现在明白只不过是繁文琐事。生命走到这阶段,她已经明白许多事并没有想得那么严重。

你失意吗?难过吗?艰苦难熬吗?"This will all pass."不要紧,一切都会过去。

图书在版编目（CIP）数据

想开点：别和自己过不去/何权峰著. —— 北京：北京日报出版社，2019.9

ISBN 978-7-5477-3430-8

Ⅰ.①想… Ⅱ.①何… Ⅲ.①人生哲学-通俗读物 Ⅳ.①B821-49

中国版本图书馆CIP数据核字(2019)第155699号

著作权合同登记 图字：01-2019-4279号

想开点：别和自己过不去

责任编辑：王　芳
作　　者：何权峰
监　　制：黄　利　万　夏
特约编辑：曹莉丽　孙　建
营销支持：曹莉丽
版权支持：王福娇
装帧设计：紫图装帧
出版发行：北京日报出版社
地　　址：北京市东城区东单三条8-16号
　　　　　东方广场东配楼四层
邮　　编：100005
电　　话：发行部：(010) 65255876
　　　　　总编室：(010) 65252135
印　　刷：天津中印联印务有限公司
经　　销：各地新华书店
版　　次：2019年9月第1版
　　　　　2019年9月第1次印刷
开　　本：880毫米×1230毫米　1/32
印　　张：6.75
字　　数：90千字
定　　价：49.90元

版权所有，侵权必究，未经许可，不得转载